Segundo catecismo da doutrina cristã

Segundo catecismo da doutrina cristã

EDITORA VOZES

Petrópolis

Rua Frei Luís, 100
25689-900 Petrópolis, RJ
www.vozes.com.br
Brasil

125ª edição, 2014.

13ª reimpressão, 2025.

Este Catecismo apresenta substancialmente o mesmo texto aprovado pelos Srs. Bispos do Sul do Brasil, em 1903, com ligeiras alterações.

IMPRIMATUR
Por comissão especial do Exmo. e Revmo. Sr.
Dom Manuel Pedro da Cunha Cintra,
Bispo de Petrópolis.
Frei Hugo D. Baggio, O.F.M.
Petrópolis, 18-03-1970

Capa: Reginaldo Barcellos

ISBN 978-85-326-0527-6

Este livro foi composto e impresso pela Editora Vozes Ltda.

À esperança da vida
pela fé e pelo amor

Sumário

TERCEIRA PARTE
DOS MANDAMENTOS DE DEUS E DA IGREJA

QUARTA PARTE
DOS SACRAMENTOS

QUINTA PARTE

DAS VIRTUDES PRINCIPAIS E DAS OUTRAS COISAS QUE DEVE SABER O CRISTÃO

APÊNDICE

SEGUNDO CATECISMO DA DOUTRINA CRISTÃ

PERSIGNAR-SE

Pelo sinal † da santa cruz, livrai-nos, Deus † Nosso Senhor, dos nossos † inimigos. Em nome do Pai, e do filho, † e do Espírito Santo. Amém.

CREDO

Creio em Deus Pai todo-poderoso, criador do céu e da terra; e em Jesus Cristo, seu único filho, Nosso Senhor: que foi concebido pelo poder do Espírito Santo; nasceu da Virgem Maria, padeceu sob Pôncio Pilatos, foi crucificado, morto e sepultado; desceu à mansão dos mortos; ressuscitou ao terceiro dia; subiu aos céus, está sentado à direita de Deus Pai todo-poderoso, donde há de vir a julgar os vivos e os mortos. Creio no Espírito Santo, na Santa Igreja Católica, na comunhão dos santos, na remissão dos pecados, na ressurreição da carne, na vida eterna. AMÉM.

PAI-NOSSO

Pai nosso que estais nos céus, santificado seja o vosso nome; venha a nós o vosso reino, seja feita a vossa vontade, assim na terra como no céu; o pão nosso de cada dia nos dai hoje; perdoai-nos as nossas ofensas assim como nós perdoamos a quem nos tem ofendido, e não nos deixeis cair em tentação, mas livrai-nos do mal.

AVE-MARIA

Ave, Maria, cheia de graça, o Senhor é convosco; bendita sois vós entre as mulheres, e bendito é o fruto do vosso ventre, Jesus. Santa Maria, Mãe de Deus, rogai por nós, pecadores, agora e na hora da nossa morte. Amém.

SALVE-RAINHA

Salve, Rainha, Mãe de misericórdia, vida, doçura, esperança nossa, salve! A vós bradamos, os degredados filhos de Eva. A vós suspiramos, gemendo e chorando neste vale de lágrimas. Eia, pois, advogada nossa, esses vossos olhos misericordiosos a nós volvei, e depois deste desterro nos mostrai Jesus, bendito fruto do vosso ventre, ó clemente, ó piedosa, ó doce sempre Virgem Maria.

V. Rogai por nós. Santa Mãe de Deus.

R. Para que sejamos dignos das promessas de Cristo.

MANDAMENTOS DA LEI DE DEUS

Os mandamentos da Lei de Deus são dez: Os três primeiros pertencem à honra de Deus e os outros sete ao proveito do próximo.

1°) Amar a Deus sobre todas as coisas;
2°) Não tomar seu santo nome em vão;
3°) Guardar os domingos e festas;
4°) Honrar pai e mãe;
5°) Não matar;
6°) Não pecar contra a castidade;
7°) Não furtar;
8°) Não levantar falso testemunho;
9°) Não desejar a mulher do próximo;
10°) Não cobiçar as coisas alheias.

Estes dez mandamentos se encerram em dois: Amar a Deus sobre todas as coisas, e ao próximo como a nós mesmos.

MANDAMENTOS DA IGREJA

Os mandamentos da Igreja são cinco:

1°) Ouvir missa inteira aos domingos e festas de guarda;

2°) Confessar-se ao menos uma vez cada ano;

3°) Comungar ao menos pela Páscoa da Ressurreição;

4°) Jejuar e abster-se de carne, quando manda a Santa Madre Igreja;

5°) Pagar dízimos segundo o costume.

SACRAMENTOS

Os sacramentos instituídos por Jesus Cristo são sete:

1°) Batismo;

2°) Confirmação;

3°) Eucaristia;

4°) Penitência ou Confissão;

5°) Unção dos Enfermos;

6°) Ordem;

7°) Matrimônio.

ATOS DE FÉ, ESPERANÇA, CARIDADE, CONTRIÇÃO E CONFISSÃO

Ato de fé

Eu creio firmemente que há um só Deus, em três pessoas realmente distintas, Pai, Filho e Espírito Santo; que dá o céu aos bons e o inferno aos maus para sempre.

Creio que o filho de Deus se fez homem, padeceu e morreu na cruz para nos salvar, e que ao terceiro dia ressuscitou.

Creio tudo o mais que crê e ensina a Santa Igreja Católica Apostólica Romana, porque Deus, verdade infalível, lho revelou. E nesta crença quero viver e morrer.

Ato de esperança

Eu espero, meu Deus, com firme confiança, que pelos merecimentos de meu Senhor Jesus Cristo me dareis a salvação eterna e as graças necessárias para consegui-la, porque vós, sumamente bom e poderoso, o haveis prometido a quem observar fielmente os vossos mandamentos, como eu proponho fazer com vosso auxílio.

Ato de caridade

Eu vos amo, meu Deus, de todo o meu coração e sobre todas as coisas, porque sois infinitamente bom e amável, e antes quero perder tudo do que vos ofender. Por amor de vós amo ao meu próximo como a mim mesmo.

Ato de contrição

Senhor meu Jesus Cristo, Deus e homem verdadeiro, Criador e Redentor meu, por serdes vós quem sois, sumamente bom e digno de ser amado sobre todas as coisas; e porque vos amo e estimo, pesa-me, Senhor, de todo o meu coração, de vos ter ofendido; pesa-me, também, por ter perdido o céu e merecido o inferno; e proponho firmemente, ajudado com os auxílios da vossa divina graça, emendar-me e nunca mais vos tornar a ofender. Espero alcançar o perdão de minhas culpas pela vossa infinita misericórdia. Amém.

Outro ato de contrição

Ó meu bom Jesus, que morrestes na cruz para me salvar, perdoai os meus pecados, porque deles me arrependo e não quero mais pecar. Amém.

Confissão

Confesso a Deus todo-poderoso e a vós, irmãos, que pequei muitas vezes por pensamentos e palavras, atos e omissões, por minha culpa, minha tão grande culpa. E peço à Virgem Maria, aos anjos e santos e a vós, irmãos, que rogueis por mim a Deus Nosso Senhor.

LIÇÃO PRELIMINAR
DO SINAL DA CRUZ

1. És cristão?
Sim; sou cristão pela graça de Deus.

2. Qual é o verdadeiro cristão?
Verdadeiro cristão é aquele que é batizado, crê e professa a doutrina e a lei de Jesus Cristo.

3. Como é que o homem se faz cristão?
O homem se faz cristão pelo Batismo.

4. Qual é o sinal do cristão?
O sinal do cristão é a cruz.

5. De **quantos modos se faz o sinal da cruz?**
O sinal da cruz se faz de dois modos: persignando-se e benzendo-se.

6. Que é persignar-se?
Persignar-se é fazer três cruzes com o dedo polegar da mão direita aberta: a primeira na testa; a segunda na boca; a terceira no peito, dizendo: Pelo sinal † da santa cruz, livrai-nos, Deus, † Nosso Senhor, dos nossos † inimigos.

7. Para que se fazem estas três cruzes?
Faz-se a primeira cruz na testa, para que Deus nos livre dos maus pensamentos; a segunda, na boca, para que Deus nos livre das más palavras, e a terceira no peito, para que Deus nos livre das más obras, que nascem do coração.

8. Que é benzer-se?

Benzer-se é fazer uma cruz, com a mão direita aberta, da testa ao peito e do ombro esquerdo ao direito, dizendo: Em nome do Pai, e do Filho, e do Espírito Santo. Amém.

9. Por que o sinal da cruz é o sinal do cristão?

O sinal da cruz é o sinal do cristão: 1°) porque serve para distinguir os cristãos dos infiéis, e 2°) porque indica os principais mistérios da nossa fé.

10. Quais são os principais mistérios da nossa fé?

Os principais mistérios da nossa fé são: 1°) Unidade e Trindade de Deus; 2°) Encarnação, Paixão e Morte de Nosso Senhor Jesus Cristo.

11. É coisa útil fazer frequentemente o sinal da cruz?

Sim; fazer frequentemente o sinal da cruz é coisa utilíssima, porque este sinal tem a virtude de avivar a fé, repelir as tentações e alcançar-nos de Deus muitas graças.

12. Quando devemos fazer o sinal da cruz?

Devemos fazer o sinal da cruz pela manhã, ao despertar; à noite, ao deitar; antes e depois das refeições; no princípio e no fim de qualquer trabalho; antes de começar a oração; nas tentações e nos perigos.

13. Que é o catecismo da doutrina cristã?

O catecismo da doutrina cristã é o compêndio de tudo quanto Jesus Cristo nos ensinou para alcançarmos a salvação.

14. Em quantas partes se divide a doutrina cristã?

A doutrina cristã divide-se em quatro partes principais, a saber: o Credo, a Oração, os Mandamentos e os Sacramentos.

15. É necessário aprender a doutrina cristã?

Sim; é necessário aprender a doutrina cristã, e cometem falta grave aqueles que, por negligência ou má vontade, não a quiserem aprender.

PRIMEIRA PARTE
DO CREDO

LIÇÃO I
DO CREDO

1. Que é o Credo?

Credo, ou o Símbolo dos Apóstolos, é o resumo das verdades que todo cristão deve crer.

2. Por que se chama o Credo também Símbolo dos Apóstolos?

Chama-se o Credo Símbolo dos Apóstolos, porque é um resumo das verdades da fé, ensinadas pelos Apóstolos.

3. Quantos artigos contém o Credo?

O Credo contém doze artigos.

4. Dize o Credo distribuído por seus artigos.

1°) Creio em Deus Pai, todo-poderoso, criador do céu e da terra;

2°) E em Jesus Cristo, seu único Filho, Nosso Senhor;

3°) Que foi concebido pelo poder do Espírito Santo, nasceu da Virgem Maria;

4°) Padeceu sob Pôncio Pilatos, foi crucificado, morto e sepultado;

5°) Desceu à mansão dos mortos; ressuscitou ao terceiro dia;

6°) Subiu aos céus, está sentado à direita de Deus Pai todo-poderoso;

7°) Donde há de vir a julgar os vivos e os mortos;

8°) Creio no Espírito Santo;

9º) Na Santa Igreja Católica; na comunhão dos santos;
10º) Na remissão dos pecados;
11º) Na ressurreição da carne;
12º) Na vida eterna. Amém.

5. Somos obrigados a saber e crer explicitamente todos esses artigos?
Sim; somos obrigados por preceito divino a saber e crer explicitamente todas as verdades contidas nos artigos do Credo.

LIÇÃO II
DO PRIMEIRO ARTIGO DO CREDO

6. Dize o primeiro artigo do Credo.
Creio em Deus Pai, todo-poderoso, criador do céu e da terra.

7. Quem é Deus?
Deus é um espírito perfeitíssimo, eterno, criador do céu e da terra.

8. Por que Deus é eterno?
Deus é eterno porque sempre existiu, não teve princípio e não terá fim.

9. Por que Deus é criador?
Deus é criador porque só Ele criou e pode criar todas as coisas, e por ninguém foi criado.

10. Onde está Deus?
Deus está no céu, na terra e em toda parte.

11. Deus vê todas as coisas?
Sim, Deus vê todas as coisas presentes, passadas e futuras e até nossos pensamentos.

12. Por que Deus vê todas as coisas?
Deus vê todas as coisas porque é infinitamente sábio e está sempre presente em toda parte.

13. Deus tem corpo como nós?
Não; Deus não tem corpo, mas é puríssimo espírito.

14. Como criou Deus o mundo?
Deus criou o mundo com um simples ato de sua vontade, e pode criar muitos outros mundos, porque é onipotente.

15. De que fez Deus o mundo?
Deus fez o mundo do nada.

LIÇÃO III
DA SANTÍSSIMA TRINDADE

16. Quantos deuses há?
Há um só Deus e não pode haver mais do que um.

17. Quantas pessoas há em Deus?
Em Deus há três pessoas iguais e realmente distintas, que são o Pai, o Filho e o Espírito Santo.

18. Como se chama esse mistério de um Deus em três pessoas iguais e realmente distintas: Pai, Filho e Espírito Santo?
Chama-se o mistério da Santíssima Trindade.

19. Qual é a primeira pessoa da Santíssima Trindade?
A primeira pessoa da SS. Trindade é o Pai.

20. Qual é a segunda pessoa da SS. Trindade?
A segunda pessoa da SS. Trindade é o Filho.

21. **Qual é a terceira pessoa da SS. Trindade?**
A terceira pessoa da SS. Trindade é o Espírito Santo.

22. **O Pai é Deus?**
Sim; o Pai é Deus.

23. **O Filho é Deus?**
Sim; o Filho é Deus.

24. **O Espírito Santo é Deus?**
Sim; o Espírito Santo é Deus.

25. **Então são três deuses?**
Não; são três pessoas distintas, mas um só Deus.

26. **Por que são as três pessoas da Santíssima Trindade um só Deus?**
As três pessoas da Santíssima Trindade são um só Deus, porque todas três têm uma só e a mesma natureza divina.

27. **Qual das três pessoas da Santíssima Trindade é maior, mais poderosa e mais sábia?**
As três pessoas da Santíssima Trindade são todas iguais, porque todas têm a mesma natureza divina, o mesmo poder e a mesma sabedoria.

28. **Não existiu o Pai antes do Filho e antes do Espírito Santo?**
Não; o Pai não existiu antes do Filho, nem antes do Espírito Santo, porque todas essas três pessoas divinas são igualmente eternas.

LIÇÃO IV
DE DEUS CRIADOR

§ 1. Dos anjos

29. Quais foram os entes mais perfeitos que Deus criou?
Os entes mais perfeitos que Deus criou foram os anjos e os homens.

30. Quem são os anjos?
Os anjos são puros espíritos, que Deus criou para sua glória e seu serviço.

31. Em que estado Deus criou os anjos?
Deus criou os anjos em estado de inocência e santidade.

32. Perseveraram todos os anjos neste estado?
Não; alguns anjos perseveraram no bem e outros se revoltaram contra Deus.

33. Como se chamam os anjos que perseveraram no bem?
Os anjos que perseveraram no bem chamam-se anjos bons ou simplesmente anjos.

34. Como se chamam os anjos que se revoltaram contra Deus?
Os anjos que se revoltaram contra Deus chamam-se anjos maus ou demônios.

35. Como foram punidos os anjos rebeldes?
Os anjos rebeldes foram punidos com a expulsão do céu e a condenação ao inferno.

36. Os anjos rebeldes ou demônios podem fazer-nos algum mal?
Sim; os demônios podem fazer-nos mal, atormentando-nos e tentando-nos.

37. Como podemos vencer as tentações do demônio?
Podemos vencer as tentações do demônio com a oração, a vigilância e o uso frequente dos sacramentos.

38. Como foram recompensados os anjos bons?
Os anjos bons foram recompensados com a posse do céu para sempre.

39. Qual é a ocupação dos anjos bons?
A ocupação dos anjos bons é adorar a Deus e executar suas ordens.

40. Confiou Deus a seus anjos a missão de velar sobre nós?
Sim; Deus confiou a muitos dos seus anjos a missão de velar sobre os homens e deu a cada um de nós um anjo tutelar, que se chama anjo da guarda.

41. Quais são as nossas obrigações para com o anjo da guarda?
Nossas obrigações para com o anjo da guarda são: honrá-lo, invocá-lo e seguir suas inspirações.

§ 2. Do homem

42. Que é o homem?
O homem é uma criatura racional, composta de alma e corpo.

43. Que é a alma do homem?
A alma do homem é um espírito livre e imortal, criado à imagem de Deus.

44. Por que é a alma do homem imagem de Deus?
A alma do homem é a imagem de Deus, porque é capaz de conhecer, amar e agir livremente.

45. Como criou Deus o primeiro homem?
Deus criou o primeiro homem, formando seu corpo do limo da terra e unindo a esse corpo uma alma imortal.

46. Como se chamou o primeiro homem?
O primeiro homem chamou-se Adão.

47. Como se chamou a primeira mulher?
A primeira mulher chamou-se Eva.

48. Como se formou Eva?
Enviou Deus um profundo sono a Adão e nesse tempo tomou dele uma costela, de que formou o corpo de Eva e lhe deu uma alma semelhante à de Adão.

49. Descendem todos os homens de Adão e Eva?
Sim; todos os homens descendem de Adão e Eva; e é por isso que somos todos irmãos.

50. Para que fim foi criado o homem?
O homem foi criado para conhecer, amar e servir a Deus neste mundo, e depois gozá-lo para sempre no outro mundo.

51. Em que estado colocou Deus Adão e Eva?
Deus colocou Adão e Eva no estado de graça e felicidade.

52. Adão e Eva conservaram o estado de graça e felicidade?
Não; Adão e Eva não conservaram o estado de graça e felicidade, mas perderam-no pelo pecado.

53. Qual foi o pecado de Adão e Eva?
O pecado de Adão e Eva foi o pecado de soberba e desobediência a Deus.

54. Como desobedeceram a Deus Adão e Eva?
Adão e Eva desobedeceram a Deus comendo de um fruto que o Senhor lhes tinha proibido.

55. Que resultou dessa desobediência?
Dessa desobediência resultou que Adão e Eva foram privados da graça, expulsos do paraíso terrestre, sujeitos à morte e outras misérias.

56. O pecado de Adão e Eva é somente de Adão e Eva?
Não; o pecado de Adão e Eva não é somente de Adão e Eva, mas é de todos os seus descendentes.

57. Como se chama esse pecado?
Esse pecado chama-se pecado original.

58. Todos os homens contraem o pecado original?
Sim; exceto a Virgem Maria, todos os homens contraem o pecado original.

59. Depois do pecado original todos os homens podem salvar-se?
Sim; depois do pecado original, os homens podem salvar-se, porque Deus lhes enviou o Salvador.

60. Quem é o Salvador dos homens?
O Salvador dos homens é Nosso Senhor Jesus Cristo.

LIÇÃO V
DO SEGUNDO E TERCEIRO ARTIGOS DO CREDO

61. Dize o segundo artigo do Credo.
E em Jesus Cristo, seu único Filho, Nosso Senhor.

62. Quem é Jesus Cristo?
Jesus Cristo é o Filho de Deus, feito homem.

63. Que se entende por Filho de Deus?
Por Filho de Deus entende-se a segunda pessoa da Santíssima Trindade.

64. Quem é o pai de Jesus Cristo?
O pai de Jesus Cristo é somente o Pai Eterno, isto é, a primeira pessoa da Santíssima Trindade.

65. Não teve Jesus Cristo também um pai na terra?
Não; Jesus Cristo não teve pai na terra, mas somente mãe, que é a Virgem Maria.

66. Dize o terceiro artigo do Credo.
Que foi concebido pelo poder do Espírito Santo, nasceu da Virgem Maria.

67. Como se fez homem o Filho de Deus?
O Filho de Deus se fez homem tomando corpo e alma humanos nas puríssimas entranhas da Virgem Maria, por obra do Espírito Santo.

68. Como se chama este mistério?
Chama-se o mistério da Encarnação.

69. Quando se fez homem, o Filho de Deus deixou de ser Deus?
Não; quando o Filho de Deus se fez homem não deixou de ser Deus; permaneceu verdadeiro Deus e começou a ser também verdadeiro homem.

70. Então quantas naturezas há em Jesus Cristo?
Em Jesus Cristo há duas naturezas distintas: a natureza divina e a natureza humana.

71. Há também duas pessoas em Jesus Cristo?
Não; em Jesus Cristo há uma só pessoa, que é a do Filho de Deus, segunda pessoa da Santíssima Trindade.

72. Para que se fez homem o Filho de Deus?
O Filho de Deus se fez homem para nos salvar.

73. Onde nasceu Jesus Cristo?

Jesus Cristo nasceu em Belém e foi colocado num presépio.

74. Quantos anos viveu Jesus Cristo?

Jesus Cristo viveu trinta e três anos.

75. A Santíssima Virgem pode chamar-se Mãe de Deus?

A Santíssima Virgem pode e deve chamar-se Mãe de Deus, porque é Mãe de Jesus Cristo, que é Deus.

76. Maria, sendo mãe, ficou sempre virgem?

Sim; Maria foi virgem antes do parto, virgem no parto e virgem depois do parto.

77. Quem era São José?

São José era o esposo de Maria Santíssima e guarda de Jesus Cristo.

78. Por que se chama São José pai de Jesus Cristo?

São José se chama pai de Jesus Cristo por ser esposo de Maria Santíssima e porque exercia a missão de pai sobre Ele.

LIÇÃO VI
DO QUARTO, QUINTO E SEXTO ARTIGOS DO CREDO

79. Dize o quarto artigo do Credo.

Padeceu sob Pôncio Pilatos, foi crucificado, morto e sepultado.

80. Qual o fim por que Jesus Cristo padeceu, foi crucificado, morto e sepultado?

Jesus Cristo padeceu, foi crucificado, morto e sepultado para nos salvar.

81. Como padeceu Jesus Cristo?
Jesus Cristo padeceu tristeza, dores e o suplício da cruz.

82. Como morreu Jesus Cristo?
Jesus Cristo morreu pregado na cruz.

83. Em que dia morreu Jesus Cristo?
Jesus Cristo morreu na Sexta-feira Santa às três horas da tarde.

84. Jesus Cristo padeceu e morreu enquanto Deus ou enquanto homem?
Jesus Cristo padeceu e morreu enquanto homem, porque enquanto Deus não podia padecer nem morrer.

85. Como se chama o mistério da Paixão e Morte de Jesus Cristo?
Chama-se o mistério da Redenção.

86. Que se fez do corpo de Jesus Cristo depois de sua morte?
Depois da morte de Jesus Cristo, seu corpo foi sepultado.

87. Dize o quinto artigo do Credo.
Desceu à mansão dos mortos; ressuscitou ao terceiro dia.

88. Que quer dizer "desceu à mansão dos mortos"?
"Desceu à mansão dos mortos" quer dizer que, depois da morte de Jesus Cristo, sua alma desceu ao limbo.

89. Que quer dizer o limbo, ao qual desceu Jesus Cristo?
O limbo, ao qual desceu Jesus Cristo, quer dizer o lugar onde estavam as almas dos justos esperando a redenção.

90. Para que desceu Jesus Cristo ao limbo?
Jesus Cristo desceu ao limbo para consolar e livrar as almas dos justos.

91. **Quantos dias esteve morto Jesus Cristo?**
Jesus Cristo esteve morto três dias incompletos, a saber: parte da sexta-feira, todo o sábado e parte do domingo.

92. **Que fez Jesus Cristo depois dos três dias de sua morte?**
Jesus Cristo, depois dos três dias de sua morte, ressuscitou glorioso e triunfante, para nunca mais morrer.

93. **Que quer dizer: ressuscitou?**
Ressuscitou quer dizer que a alma de Jesus Cristo se reuniu a seu corpo.

94. **Em que dia Jesus Cristo ressuscitou?**
Jesus Cristo ressuscitou na madrugada do dia de Páscoa.

95. **Dize o sexto artigo do Credo.**
Subiu aos céus, está sentado à direita de Deus Pai todo-poderoso.

96. **Quantos dias esteve Jesus Cristo na terra depois da sua ressurreição?**
Depois da sua ressurreição, Jesus Cristo esteve na terra quarenta dias.

97. **Por que ficou Jesus Cristo na terra quarenta dias depois da sua ressurreição?**
Jesus Cristo ficou na terra quarenta dias depois da sua ressurreição, para confirmar seus discípulos na fé.

98. **Depois de quarenta dias, para onde foi Jesus Cristo?**
Depois dos quarenta dias, Jesus Cristo subiu aos céus.

99. **Jesus Cristo subiu aos céus por si mesmo?**
Sim; Jesus Cristo subiu aos céus por si mesmo, em virtude de seu próprio poder.

100. Como se chama o mistério da subida de Jesus Cristo aos céus?

O mistério da subida de Jesus Cristo aos céus chama-se mistério da Ascensão.

101. Que querem dizer as palavras: está sentado à direita de Deus Pai todo-poderoso?

As palavras "está sentado à direita de Deus Pai todo-poderoso" querem dizer que Jesus Cristo no céu tem lugar de honra, igual a Deus, sobre todas as criaturas.

LIÇÃO VII
DO SÉTIMO E OITAVO ARTIGOS DO CREDO

102. Dize o sétimo artigo do Credo.

Donde há de vir a julgar os vivos e os mortos.

103. Que querem dizer estas palavras: donde há de vir a julgar os vivos e os mortos?

Estas palavras querem dizer que, no fim do mundo, Jesus Cristo descerá visivelmente à terra, para julgar todos os homens.

104. Que fará Jesus Cristo, nesse dia terrível?

Nesse dia terrível, Jesus Cristo manifestará a todas as criaturas o bem e o mal que fizeram e dará o prêmio aos bons e o castigo aos maus.

105. Como se chama esse juízo?

Esse juízo chama-se juízo universal.

106. Quando se fará o juízo universal?

O juízo universal será no fim do mundo.

107. Quando será o fim do mundo?
Na terra ninguém sabe quando será o fim do mundo.

108. Antes do juízo universal há outro juízo?
Sim; antes do juízo universal há o juízo particular para cada um, logo depois da morte.

109. Para onde irá a alma depois do juízo particular?
Depois do juízo particular a alma irá ou para o céu, ou para o inferno, ou para o purgatório.

110. Qual é a alma que vai para o céu, logo depois do juízo particular?
A alma que vai para o céu, logo depois do juízo particular, é a alma que está livre de todo pecado e não tem pena alguma que descontar.

111. Qual é a alma que vai para o inferno, logo depois do juízo particular?
A alma que vai para o inferno, logo depois do juízo particular, é a alma que está em pecado mortal.

112. Qual é a alma que vai para o purgatório, logo depois do juízo particular?
A alma que vai para o purgatório, logo depois do juízo particular, é a alma que tem ainda algum pecado venial ou alguma pena que descontar.

113. Que é o purgatório?
Purgatório é o lugar onde as almas dos justos se purificam, satisfazem com penas temporais o que ficaram devendo por seus pecados.

114. Podemos nós abreviar a duração das penas das almas do purgatório?

Sim; podemos abreviar a duração das penas das almas do purgatório: com orações, boas obras, indulgências e principalmente com o santo sacrifício da missa.

115. Dize o oitavo artigo do Credo.

Creio no Espírito Santo.

116. Quem é o Espírito Santo?

O Espírito Santo é a terceira pessoa da Santíssima Trindade.

117. Qual é a obra que se atribui especialmente ao Espírito Santo?

A obra que se atribui especialmente ao Espírito Santo é a santificação das almas.

118. Por que se costuma figurar o Espírito Santo em forma de pomba?

Costuma-se figurar o Espírito Santo em forma de pomba porque foi assim que o Espírito Santo se mostrou no batismo de Nosso Senhor Jesus Cristo.

119. O Espírito Santo não se mostrou outras vezes aos homens de modo visível?

Sim; o Espírito Santo mostrou-se outras vezes de modo visível aos homens, principalmente no dia de Pentecostes.

120. Como se mostrou o Espírito Santo no dia de Pentecostes?

O Espírito Santo, no dia de Pentecostes, se mostrou em línguas de fogo descendo sobre os apóstolos.

121. Que efeito produziu o Espírito Santo nos apóstolos?
O efeito que o Espírito Santo produziu nos apóstolos foi o de enchê-los de luz, de força e de todos os seus dons, para anunciarem o Evangelho e propagarem a Igreja de Jesus Cristo.

LIÇÃO VIII
DO NONO ARTIGO DO CREDO

122. Dize o nono artigo do Credo.
Na Santa Igreja Católica, na comunhão dos santos.

123. Que é a Santa Igreja Católica?
A Santa Igreja Católica é uma sociedade visível, vivificada por Cristo, cujos membros perfazem uma comunidade de fé, esperança e caridade.

124. Quem fundou a Igreja?
Quem fundou a Igreja foi Jesus Cristo.

125. São todos os homens obrigados a pertencer à Igreja?
Sim; todos os homens são obrigados a pertencer à Igreja, porque Jesus Cristo o manda, e fora da mesma ninguém pode salvar-se.

126. Que é necessário para pertencer à Igreja Católica?
Para pertencer à Igreja Católica é necessário ser batizado, professar a doutrina e a lei de Jesus Cristo, participar dos seus sacramentos, prestar obediência ao papa e aos legítimos pastores.

127. Quais são os legítimos pastores da Igreja?
Os legítimos pastores da Igreja são: o papa e os bispos.

128. Quem mais toma também parte no ofício de pastores da Igreja?
Tomam também parte no ofício de pastores da Igreja os sacerdotes e principalmente os párocos.

129. Quem é o papa?

O papa, que chamamos também Romano Pontífice, é o vigário de Jesus Cristo na terra, o chefe visível da Igreja.

130. Pode a Igreja errar, quando nos manda crer alguma coisa?

Não; a Igreja não pode errar quando nos manda crer alguma coisa porque é assistida e guiada pelo Espírito Santo, e por isso é infalível.

131. E o papa também é infalível?

Sim; o papa é infalível.

132. Quando é que o papa é infalível?

O papa é infalível quando, ensinando a toda a Igreja, com autoridade apostólica, define verdades da fé e de costumes.

133. Por que motivo o papa é infalível?

O papa é infalível porque tem a promessa de Jesus Cristo, e porque é assistido pelo Espírito Santo.

134. Quais são as obrigações dos católicos para com o papa?

As obrigações dos católicos para com o papa são: veneração, amor filial, obediência.

135. Quem são os bispos?

Os bispos são os pastores dos fiéis nas dioceses, que lhes são confiadas pelo papa.

136. Que é o bispo em sua diocese?

O bispo em sua diocese é o legítimo pastor e superior de todos os fiéis, eclesiásticos e leigos.

137. De quem são sucessores os papas e os bispos?

O papa é o sucessor de S. Pedro, príncipe dos apóstolos; os bispos são os sucessores dos apóstolos no poder ordinário de governar a Igreja.

138. Quais são as obrigações dos fiéis para com os próprios bispos?

Todos os fiéis são obrigados a venerar, amar e honrar o próprio bispo, e prestar-lhe obediência em tudo que se refere à cura das almas e ao governo da diocese.

139. Para que instituiu Jesus Cristo a Igreja?

Jesus Cristo instituiu a Igreja para todos os homens terem nela os meios de salvação.

140. Quais são os principais meios de salvação que temos na Igreja?

Os principais meios de salvação que temos na Igreja são: verdadeira fé, a graça pelos sacramentos, a remissão dos pecados e a comunhão dos santos.

141. Que é a comunhão dos santos?

A comunhão dos santos é a participação dos fiéis nas orações e outras boas obras que se fazem na Igreja.

LIÇÃO IX
DOS TRÊS ÚLTIMOS ARTIGOS DO CREDO

142. Dize o décimo artigo do Credo.

Na remissão dos pecados.

143. Que quer dizer remissão dos pecados?

Quer dizer que Jesus Cristo deu à sua Igreja o poder de perdoar os pecados.

144. Haverá algum pecado que a Igreja não possa perdoar?

Não; não há pecado, por grave e enorme que seja, nem pecados tão numerosos, que a Igreja não possa perdoar.

145. Como perdoa a Igreja os pecados?

A Igreja perdoa os pecados, aplicando os merecimentos de Jesus Cristo, por meio dos sacramentos.

146. Dize o undécimo artigo do Credo.

Na ressurreição da carne.

147. Que ensina este artigo?

Este artigo ensina que no dia do juízo todos os mortos ressuscitarão com o mesmo corpo que tiveram nesta vida.

148. Para onde irá o corpo ressuscitado no dia do juízo?

O corpo ressuscitado, no dia do juízo, se reunirá à alma, indo com ela ou para o céu, ou para o inferno, conforme merecer.

149. Dize o décimo segundo artigo do Credo.

Na vida eterna.

150. Que se entende por vida eterna?

Por vida eterna se entende a vida que depois da presente não tem mais fim.

151. Como será essa vida eterna?

Essa vida eterna será eternamente feliz para os bons e eternamente desgraçada para os maus.

152. Onde viverão por toda a eternidade os bons e os maus?

Por toda a eternidade os bons hão de viver no céu e os maus no inferno.

153. Que se goza no céu?

No céu goza-se da visão de Deus e da posse de todos os bens sem mistura de mal.

154. Que se sofre no inferno?
No inferno sofre-se a privação de Deus, o fogo eterno e todos os males sem mistura de bem.

155. Que significa a palavra Amém, no fim do Credo?
A palavra Amém, no fim do Credo, significa assim é, ou creio firmemente tudo quanto contêm estes doze artigos.

SEGUNDA PARTE
DA ORAÇÃO

LIÇÃO I
DA ORAÇÃO EM GERAL

1. Que é oração?
Oração é uma elevação da alma a Deus, para adorá-lo, agradecer e pedir-lhe as graças de que necessitamos.

2. De quantos modos pode ser a oração?
A oração pode ser de dois modos: a oração mental e a oração vocal.

3. Como se faz a oração mental?
A oração mental se faz no íntimo do coração e da alma, falando com Deus; chama-se também meditação.

4. Como se faz a oração vocal?
A oração vocal se faz exprimindo com palavras o sentimento da alma e do coração.

5. É necessário fazer oração?
Sim; é necessário fazer oração frequentemente, porque Jesus Cristo o ordena, e o nosso bem temporal e eterno o exige.

6. Quando devemos especialmente orar?
Devemos especialmente orar nos momentos das tentações, dos perigos e na hora da morte.

7. O bom cristão contenta-se com orar somente nestas ocasiões?

Não; o bom cristão deve orar todos os dias; pela manhã, ao levantar-se; à noite, ao deitar-se; e antes de começar qualquer ação importante.

8. Haverá um meio de vivermos sempre em oração?

Sim; o meio de vivermos com o espírito sempre em oração consiste em fazermos intenção de agradar a Deus em todas as nossas ações.

9. Podemos nós esperar obter as graças que pedimos?

Sim; podemos e devemos esperar obter as graças que pedimos, contanto que não se oponham à nossa salvação.

10. Por que devemos esperar que Deus atenda às nossas orações?

Devemos esperar que Deus atenda às nossas orações, porque ele mesmo o prometeu.

11. Em nome de quem devemos pedir as graças de que necessitamos?

Devemos pedir a Deus as graças de que necessitamos, em nome de Jesus Cristo e em vista de seus merecimentos.

12. Que coisas principalmente devemos pedir a Deus?

Devemos pedir a Deus sua glória, a nossa salvação e os meios de consegui-la.

13. Podemos também pedir a Deus a saúde e outros bens temporais?

Sim; podemos pedir a Deus a saúde e outros bens temporais, sujeitando-nos, porém, à sua santíssima vontade.

14. Prometeu Jesus Cristo sua assistência especial a alguma oração?

Sim; Jesus Cristo prometeu sua assistência especial à oração em comum, isto é, à oração que duas ou mais pessoas fazem juntamente.

15. Que devem então fazer as famílias cristãs, para terem a assistência especial de Jesus Cristo?

As famílias cristãs, para terem a assistência especial de Jesus Cristo, devem fazer suas orações em comum, ao menos à noite.

16. Como deve ser feita a oração?

A oração deve ser feita com espírito de fé, humildade, confiança e perseverança.

LIÇÃO II
DO PAI-NOSSO

17. Qual é a melhor de todas as orações vocais?

A melhor de todas as orações vocais é o Pai-nosso.

18. Por que é o Pai-nosso a melhor de todas as orações vocais?

O Pai-nosso é a melhor de todas as orações vocais, porque foi composto e nos foi ensinado pelo próprio Jesus Cristo.

19. O Pai-nosso é também a oração mais eficaz?

Sim; o Pai-nosso é também a oração mais eficaz, porque é a mais agradável a Deus.

20. Por que é o Pai-nosso a oração mais agradável a Deus?
O Pai-nosso é a oração mais agradável a Deus, porque, rezando o Pai-nosso, nos dirigimos a Deus com as mesmas palavras que nos ensinou seu divino Filho.

21. Que contém o Pai-nosso?
O Pai-nosso contém tudo quanto devemos esperar de Deus e lhe devemos pedir.

22. Dize o Pai-nosso.
Pai nosso que estais nos céus, santificado seja o vosso nome; venha a nós o vosso reino, seja feita a vossa vontade, assim na terra como no céu; o pão nosso de cada dia nos dai hoje; perdoai-nos as nossas ofensas assim como nós perdoamos a quem nos tem ofendido, e não nos deixeis cair em tentação, mas livrai-nos do mal.

23. Chamamos a Deus "Pai nosso"?
Sim; chamamos a Deus "Pai nosso", porque Deus é nosso Pai.

24. Por que é Deus nosso Pai?
Deus é nosso Pai, porque nos criou, e, pelo batismo, nos adotou por filhos.

25. Por que dizemos a Deus: que estais nos céus; não está Deus em todo lugar?
Dizemos: "Pai nosso, que estais nos céus", para levantar nossos corações para o céu, onde Deus manifesta especialmente sua glória.

26. Quantas petições fazemos a Deus, no Pai-nosso?
No Pai-nosso fazemos a Deus sete petições.

27. Quais são as sete petições no Pai-nosso?
As sete petições no Pai-nosso são:

1ª) Santificado seja o vosso nome;

2ª) Venha a nós o vosso reino;

3ª) Seja feita a vossa vontade, assim na terra como no céu;

4ª) O pão nosso de cada dia nos dai hoje;

5ª) Perdoai-nos as nossas ofensas, assim como nós perdoamos a quem nos tem ofendido;

6ª) Não nos deixeis cair em tentação;

7ª) Mas livrai-nos do mal. Amém.

28. Que pedimos a Deus nas sete petições do Pai-nosso?
Nas quatro primeiras petições pedimos a Deus o bem; nas três últimas, pedimos a Deus que nos livre do mal.

29. Que pedimos na primeira petição: Santificado seja o vosso nome?
Na primeira petição pedimos a Deus que seu nome seja santificado, isto é, seja conhecido, louvado e honrado por todo o mundo.

30. Que pedimos na segunda petição: Venha a nós o vosso reino?
Na segunda petição pedimos a Deus que venha o seu reino, isto é, que se propague e se dilate a sua Igreja.

31. Que pedimos na terceira petição: Seja feita a vossa vontade, assim na terra como no céu?

Na terceira petição pedimos a Deus que seja feita a sua santíssima vontade, isto é, que seja executada a sua lei e respeitados os seus mandamentos.

32. Que pedimos na quarta petição: O pão nosso de cada dia nos dai hoje?

Na quarta petição pedimos o alimento para a alma e para o corpo, isto é, para a vida espiritual e para a temporal.

33. Que pedimos na quinta petição: Perdoai-nos as nossas ofensas, assim como nós perdoamos a quem nos tem ofendido?

Na quinta petição pedimos a Deus que nos perdoe os pecados, e nós nos comprometemos a perdoar aos que nos ofenderam.

34. Que pedimos na sexta petição: Não nos deixeis cair em tentação?

Na sexta petição pedimos a Deus que não nos deixe sucumbir às tentações.

35. Que pedimos na sétima petição: Mas livrai-nos do mal?

Na sétima petição pedimos a Deus que nos livre dos males espirituais e temporais.

LIÇÃO III
DA AVE-MARIA

36. Que outra oração costumamos dizer depois do Pai-nosso?

Depois do Pai-nosso, costumamos dizer a Ave-Maria, para pedir a proteção da Santíssima Virgem.

37. Dize a Ave-Maria.

Ave, Maria, cheia de graça, o Senhor é convosco, bendita sois vós entre as mulheres e bendito é o fruto do vosso ventre, Jesus. Santa Maria, Mãe de Deus, rogai por nós, pecadores, agora e na hora da nossa morte. Amém.

38. Por que depois do Pai-nosso dizemos a Ave-Maria?

Depois do Pai-nosso dizemos de preferência a Ave-Maria, porque Maria Santíssima é a mais poderosa advogada que podemos ter junto do seu divino Filho.

39. Por que devemos ter confiança na proteção de Maria Santíssima?

Devemos ter confiança na proteção de Maria Santíssima porque ela é a Mãe de Jesus e é também nossa Mãe.

40. Por que é Maria Santíssima também nossa Mãe?

Maria Santíssima é também nossa Mãe, porque Jesus Cristo, na cruz, no-la deu por Mãe.

41. Como havemos de merecer a proteção de Maria Santíssima?

Havemos de merecer a proteção de Maria Santíssima, amando-a, invocando-a e imitando-lhe as virtudes.

42. Qual é a devoção mais agradável a Maria Santíssima?

A devoção mais agradável a Maria Santíssima é o Rosário.

43. Como se reza o Rosário?

Reza-se o Rosário, meditando em cada mistério e dizendo em memória de cada um deles um Pai-nosso, dez Ave-Marias e um Glória ao Pai.

44. É coisa útil recorrer à intercessão dos santos?

Sim; é coisa utilíssima recorrer à intercessão dos santos, porque as súplicas dos santos são muito agradáveis a Deus.

45. A que santos, de preferência, nos devemos encomendar?

Devemos encomendar-nos a São José, patrono da Igreja universal; ao santo do nosso nome; aos santos protetores da diocese e da paróquia a que pertencemos; e ao santo anjo da guarda.

46. Com que oração havemos de pedir a proteção do anjo da guarda?

Podemos pedir a proteção do anjo da guarda com a seguinte oração: Anjo de Deus, que por divina piedade sois minha guarda e proteção, inspirai-me, defendei-me, dirigi-me e governai-me. Amém.

A antiga versão portuguesa é:

Santo anjo do Senhor,
Meu zeloso guardador,
Se a ti me confiou
A piedade divina,
Sempre me rege e guarda,
Governa e ilumina.

47. Quando é que devemos de um modo particular pedir a proteção do anjo da guarda?

Devemos pedir a proteção do anjo da guarda, ao levantar-nos, pela manhã, e ao deitar-nos, à noite; ao sair de casa, ao empreender uma viagem, nos perigos etc.

TERCEIRA PARTE
DOS MANDAMENTOS DE DEUS E DA IGREJA

LIÇÃO I
DOS MANDAMENTOS DE DEUS EM GERAL

1. Quantos são os mandamentos da Lei de Deus?

Os mandamentos da Lei de Deus são dez:

1°) Amar a Deus sobre todas as coisas;
2°) Não tomar seu santo nome em vão;
3°) Guardar os domingos e festas;
4°) Honrar pai e mãe;
5°) Não matar;
6°) Não pecar contra a castidade;
7°) Não furtar;
8°) Não levantar falso testemunho;
9°) Não desejar a mulher do próximo;
10°) Não cobiçar as coisas alheias.

2. Quem deu estes mandamentos?

Deu estes mandamentos o próprio Deus na lei antiga, gravados em duas tábuas de pedra, e Jesus Cristo os confirmou na nova lei.

3. Podemos nós observar estes mandamentos?

Sim; podemos observar estes mandamentos com a graça de Deus.

4. Somos obrigados a observar os mandamentos da lei de Deus?

Sim; somos obrigados a observar os mandamentos da lei de Deus, e basta pecar gravemente contra um só deles para merecermos o inferno.

5. Que contêm estes mandamentos?

Estes mandamentos contêm nossas principais obrigações para com Deus e para com o próximo.

6. Qual é a nossa principal obrigação para com Deus?

Nossa principal obrigação para com Deus é amá-lo de todo o coração e sobre todas as coisas.

7. Qual é a nossa principal obrigação para com o próximo?

Nossa principal obrigação para com o próximo é amá-lo como a nós mesmos, por amor de Deus.

8. Que ordena Deus em geral nos seus mandamentos?

Deus, nos seus mandamentos, nos ordena que façamos o bem e evitemos o mal; e por isso cada mandamento contém um preceito e uma proibição.

DOS MANDAMENTOS DE DEUS EM PARTICULAR

LIÇÃO II

DOS MANDAMENTOS QUE SE REFEREM A DEUS

9. Que nos ordena o primeiro mandamento: Amar a Deus sobre todas as coisas?

O primeiro mandamento nos manda adorar, amar e servir a Deus como nosso único e soberano Senhor.

10. Que nos proíbe o primeiro mandamento?

O primeiro mandamento nos proíbe a idolatria, a superstição, o sacrilégio e qualquer pecado contra a religião.

11. Que é a idolatria?

A idolatria, proibida no primeiro mandamento, é prestar à criatura o culto de adoração, devido somente a Deus.

12. Não podemos, então, prestar culto aos anjos e aos santos?

Sim; podemos prestar culto de veneração aos anjos e aos santos, porque são amigos de Deus e nossos intercessores junto dele.

13. Podemos também honrar as sagradas imagens e as relíquias dos santos?

Sim; podemos também prestar culto às sagradas imagens e às relíquias dos santos, porque o culto, que lhes atribuímos, se refere aos mesmos santos.

14. Que é a superstição, proibida no primeiro mandamento?

A superstição, proibida no primeiro mandamento, é toda e qualquer prática ou devoção contrária à doutrina e uso da Igreja, como sejam as cenas de adivinhação, os amuletos etc.

15. Que é o sacrilégio?

Sacrilégio é a profanação de uma pessoa, de um lugar ou de um objeto consagrado a Deus e destinado ao culto.

16. Que outras coisas proíbe o primeiro mandamento?

O primeiro mandamento proíbe ainda todo e qualquer trato com o demônio e a agregação a seitas anticristãs ou sociedades secretas.

17. Quem, então, recorrer ao demônio, comete um pecado grave?

Sim; quem recorrer ao demônio ou invocá-lo comete um pecado gravíssimo, porque o demônio é o maior inimigo de Deus e do homem.

18. É lícito consultar as almas dos mortos por meio de mesas e outras práticas?

Absolutamente não; não é lícito de modo algum consultar as almas dos mortos por meio de mesas e outras práticas do espiritismo, porque todas essas práticas são rigorosamente proibidas pela Igreja.

19. Que nos proíbe o segundo mandamento: Não tomar seu santo nome em vão?

O segundo mandamento nos proíbe:

1°) Pronunciar o nome de Deus com irreverência;

2°) Fazer juramentos falsos, vãos, ou de qualquer modo ilícitos;

3°) Blasfemar contra Deus, contra a Santíssima Virgem e contra os santos.

20. Que nos manda o segundo mandamento?

O segundo mandamento nos manda honrar o santo nome de Deus, cumprir os votos e os juramentos.

21. Que nos manda o terceiro mandamento: Guardar domingos e festas?

O terceiro mandamento nos manda honrar a Deus com obras de piedade cristã, nos domingos e dias santos.

22. Qual é a obra de piedade cristã obrigatória, nos domingos e dias santos?

A obra de piedade cristã obrigatória nos domingos e dias santos é a participação devota da Santa Missa.

23. Que nos proíbe o terceiro mandamento?

O terceiro mandamento nos proíbe as obras servis e qualquer trabalho que impeça o culto de Deus.

24. Que se entende por obras servis?

As obras servis são o trabalho braçal e outros, próprios dos servos, artífices e operários.

25. É permitida alguma obra servil aos domingos e dias santos?

As obras servis são permitidas aos domingos e dias santos, quando são necessárias para a sustentação da vida e quando se fazem por motivo grave, com licença do próprio pároco, se for possível.

LIÇÃO III
DOS MANDAMENTOS QUE SE REFEREM AO PRÓXIMO

26. Que nos manda o quarto mandamento?

O quarto mandamento nos manda respeitar pai e mãe, obedecer-lhes em tudo que não for pecado, e socorrê-los em suas necessidades espirituais e temporais.

27. Que nos proíbe o quarto mandamento?

O quarto mandamento nos proíbe ofender nossos pais com palavras e obras e de qualquer outro modo.

28. Que mais nos prescreve o quarto mandamento?

O quarto mandamento nos prescreve também o respeito e a obediência a todos os nossos superiores, eclesiásticos e civis.

29. Devemos então respeitar e obedecer a todas as leis, impostas pela autoridade civil?

Sim; devemos respeitar e obedecer a todas as leis impostas pela autoridade civil, contanto que não sejam contrárias à lei de Deus.

30. Que outras obrigações nos impõe o quarto mandamento para com a sociedade civil?

O quarto mandamento impõe-nos a obrigação de, na medida de nossas forças, promovermos a prosperidade e o bem da sociedade civil, onde nascemos, que é a nossa pátria.

31. De que modo concorremos para a prosperidade de nossa pátria?

Concorremos eficazmente para a prosperidade da nossa pátria, se procurarmos que ela seja governada por cidadãos idôneos, respeitadores da religião e da moral.

32. Que havemos de fazer para que nossa pátria seja bem governada por cidadãos idôneos, respeitadores da religião?

Para que nossa pátria seja governada por cidadãos idôneos, respeitadores da religião e da moral, devemos exercer o direito do voto, segundo os restritos ditames da consciência.

33. Quais são os ditames da consciência com relação ao direito do voto?

Os ditames da reta consciência com relação ao direito do voto são que ela não nos permita concorrer com o voto para a eleição de homens sem capacidade, sem religião, sem moral.

34. Que nos proíbe o quinto mandamento: Não matar?
O quinto mandamento nos proíbe matar e de qualquer modo ofender o próximo.

35. Este mandamento proíbe também o suicídio?
Sim; o quinto mandamento nos proíbe certamente o suicídio, porque o homem não é senhor de sua vida, como não o é da vida do próximo.

36. Que pecado comete o suicida?
O suicida comete um gravíssimo crime contra Deus, contra a sociedade e contra si próprio; por isso a Igreja nega ao suicida a sepultura eclesiástica.

37. O quinto mandamento proíbe também o duelo?
Sim; o quinto mandamento proíbe também o duelo, porque o duelo participa da malícia do suicídio e do homicídio.

38. Com que pena a Igreja pune os que se batem em duelo?
Os que se batem em duelo, as testemunhas e os espectadores, todos incorrem em excomunhão.

39. Que nos manda o quinto mandamento?
O quinto mandamento nos manda perdoar os nossos inimigos e querer bem a todos.

40. Que nos proíbe o sexto mandamento: Não pecar contra a castidade?
O sexto mandamento nos proíbe qualquer ato, vista, palavra ou pensamento contra a castidade.

41. Que nos manda o sexto mandamento?
O sexto mandamento nos manda ser puros em pensamentos, palavras e obras e até na vista e em todo o nosso porte.

42. Que nos proíbe o sétimo mandamento: Não furtar?

O sétimo mandamento nos proíbe tirar e reter injustamente o alheio; e de qualquer modo causar dano ao próximo nos seus bens, como: por usura, dolo, fraude etc.

43. Que nos manda o sétimo mandamento?

O sétimo mandamento nos manda pagar as dívidas e restituir o alheio, quer furtado, quer achado, e pagar o justo salário aos operários.

44. Que nos proíbe o oitavo mandamento: Não levantar falso testemunho?

O oitavo mandamento nos proíbe dar testemunho falso em juízo; proíbe mais a detração, a calúnia, a adulação, o juízo e a suspeita temerária e qualquer espécie de mentira.

45. Que nos manda o oitavo mandamento?

O oitavo mandamento nos manda dizer, em tempo e lugar, a verdade; interpretar bem quanto pudermos, os atos do nosso próximo.

46. Que nos proíbe o nono mandamento: Não desejar a mulher do próximo?

O nono mandamento nos proíbe os maus desejos e todos os pecados internos contra a virtude da pureza.

47. Que nos manda o nono mandamento?

O nono mandamento nos manda ser castos e puros mesmo internamente.

48. Que nos proíbe o décimo mandamento: Não cobiçar as coisas alheias?

O décimo mandamento nos proíbe o desejo desregrado de possuir as coisas alheias, e a intenção de adquiri-las por meios ilícitos.

49. Que nos manda o décimo mandamento?

O décimo mandamento nos manda ter o coração desprendido dos bens terrenos e que nos conservemos resignados na condição em que Deus nos colocou.

LIÇÃO IV
DOS MANDAMENTOS DA IGREJA

50. Que outros mandamentos devemos observar, além dos mandamentos de Deus?

Além dos mandamentos de Deus, devemos observar os mandamentos da Igreja.

51. Quem deu à Igreja o poder de fazer mandamentos?

Quem deu à Igreja o poder de fazer mandamentos foi Jesus Cristo.

52. Somos obrigados a obedecer à Igreja?

Sim; somos obrigados a obedecer à Igreja, porque Jesus Cristo no-lo ordena.

53. Em que idade começa a obrigação de observar os mandamentos da Igreja?

A obrigação de observar os mandamentos da Igreja começa geralmente desde o uso da razão.

54. Quantos são os mandamentos da Igreja?

Os principais e mais comuns mandamentos da Igreja são cinco:

1°) Participar ativa e piedosamente da missa aos domingos e festas de guarda;

2°) Confessar-se ao menos uma vez cada ano;

3°) Comungar ao menos uma vez pela Páscoa da Ressurreição;

4°) Fazer penitência conforme estabelece a Santa Igreja;

5°) Pagar dízimos segundo o costume.

55. Que nos obriga o primeiro mandamento da Igreja: Participar da missa aos domingos e festas de guarda?

O primeiro mandamento da Igreja manda-nos participar ativa e piedosamente da missa do começo até o fim, todos os domingos e festas de preceito.

56. Que nos manda o segundo mandamento da Igreja: Confessar-se ao menos uma vez cada ano?

O segundo mandamento da Igreja obriga todos os cristãos, que tiverem o uso da razão, a se confessarem ao menos uma vez cada ano.

57. Qual é o tempo mais oportuno para cumprir o preceito anual da confissão?

O tempo mais oportuno para cumprir o preceito anual da confissão é a Quaresma.

58. Que nos manda o terceiro mandamento da Igreja: Comungar ao menos pela Páscoa da Ressurreição?

O terceiro mandamento da Igreja obriga a todos, que atingiram a idade da discrição, a fazer a comunhão cada ano no tempo pascal.

59. Por que diz a Igreja que nos confessemos AO MENOS **uma vez cada ano e comunguemos** AO MENOS **pela Páscoa da Ressurreição?**

A Igreja diz: ao menos, para nos dar a conhecer que ela deseja que nos confessemos e comunguemos frequentemente.

60. É coisa útil, então, comungar frequentemente?

Sim; a comunhão frequente e até cotidiana é prática utilíssima e até muito recomendada pela Igreja.

61. Que se entende aqui por tempo pascal?

Por tempo pascal se entende aqui o tempo que vai de Domingo de Ramos até à oitava da Páscoa.

62. Em que tempo do ano podemos satisfazer no Brasil a obrigação da comunhão pascal?

Podemos satisfazer no Brasil a obrigação da comunhão pascal a começar da dominga da Septuagésima até à festa de Nossa Senhora do Carmo (16 de julho).

63. Que nos manda o quarto mandamento da Igreja: Fazer penitência conforme estabelece a Santa Igreja?

O quarto mandamento da Igreja nos manda jejuar e abstermo-nos de carne na quarta-feira de cinzas e na sexta-feira santa; praticar atos de penitência, sobretudo na forma de caridade, todas as sextas-feiras do ano.

64. Quem está obrigado a jejuar?

Está obrigado a jejuar todo cristão desde a idade de dezoito anos completos até a idade de cinquenta e nove anos; aos atos de penitência os maiores de catorze anos.

65. Em que consiste o jejum?

O jejum consiste em fazer uma só refeição *completa* ao dia, reduzindo as demais.

66. Nos dias de jejum permite a Igreja alguma outra refeição?

Sim; nos dias de jejum permite a Igreja outra refeição, isto é, a consoada, que em geral não deve ir além de 250 gramas e na qual nunca é permitido comer carne.

67. A que horas poderá ser feita a consoada?
A consoada poderá ser feita à tardinha ou à noite, quando o jantar for pelo meio-dia; ou então pelo meio-dia, ou pouco mais, quando o jantar for à tardinha ou à noite.

68. Permite a Igreja mais algum alimento nos dias de jejum?
Sim; por condescendência permite a Igreja o café, chá e até chocolate com pão, contanto que não passe de 60 gramas.

69. Quais são os alimentos proibidos nos dias de jejum?
Nos dias de jejum proíbe-se a carne, na consoada, e toda sorte de alimentos sólidos, fora das refeições.

70. Que nos proíbe o quarto mandamento da Igreja?
O quarto mandamento da Igreja proíbe aos fiéis de comer carne nos dias de abstinência e fazer mais de uma refeição nos dias de jejum.

71. Há alguma dispensa geral para os fiéis do Brasil?
Sim; no Brasil, em geral, os fiéis são dispensados da lei do jejum e da abstinência em todos os dias de preceito, à exceção dos seguintes:

1. Dias de jejum com abstinência de carne: Quarta-feira de Cinzas; Sexta-feira Santa;
2. Tempo de penitência: toda a Quaresma;
3. Dias de penitência: todas as sexta-feiras.

72. Por que estabeleceu a Igreja a lei da penitência?
A Igreja estabeleceu a lei da penitência para nos lembrar a nossa humilde condição de pecadores salvos pelo sacrifício de Cristo e nos estimular à caridade cada vez mais ativa em favor de nossos irmãos.

73. Como se observa o quinto mandamento da Igreja: Pagar dízimos segundo o costume?

Observa-se o quinto mandamento da Igreja contribuindo com o necessário para o sustento do culto e dos ministros da religião, na forma costumada, ou como determina a Igreja.

LIÇÃO V
DO PECADO

74. Tendo percorrido os mandamentos da Lei de Deus e da Igreja, dize-me: que ordena Deus em geral, nos seus mandamentos?

Deus ordena em seus mandamentos que façamos o bem e evitemos o mal.

75. Que mal devemos evitar?

Devemos evitar o pecado, que é o maior mal do mundo.

76. Que é o pecado?

O pecado é uma desobediência voluntária à Lei de Deus.

77. Há quantos tipos de pecado?

Há dois tipos de pecado: o pecado original e o atual.

78. Que é o pecado original?

O pecado original é o pecado com que todos nós nascemos, e que contraímos por herança, como descendentes de Adão.

79. Todas as criaturas humanas foram manchadas pelo pecado original?

Sim; com exceção de Maria Santíssima, que, por singular privilégio, foi preservada do pecado original.

80. Que título deu a Igreja a Maria Santíssima, por causa desse privilégio?

Por causa desse privilégio, a Igreja deu a Maria Santíssima o título de Imaculada.

81. Que é o pecado atual?

O pecado atual é o que cometemos depois de ter chegado ao uso da razão.

82. Como se divide o pecado atual?

O pecado atual se divide em mortal e venial.

83. Que é o pecado mortal?

O pecado mortal é uma desobediência grave, feita à Lei de Deus, com plena advertência do entendimento e consentimento da vontade.

84. Por que se chama mortal esse pecado?

Chama-se mortal esse pecado, porque dá a morte à alma, privando-a da vida da graça santificante e tornando-a merecedora do inferno.

85. Que males causa à alma o pecado mortal?

O pecado mortal:

1°) Priva a alma da graça e da amizade de Deus;

2°) Fá-la perder o céu e merecer o inferno;

3°) Tira-lhe o merecimento das boas obras e a torna incapaz de adquirir outros.

86. Quem perdeu a graça de Deus pelo pecado poderá de novo consegui-la?

Sim; quem perdeu a graça de Deus pelo pecado poderá de novo consegui-la pelo Sacramento da Confissão, ou por um ato de contrição perfeita com o propósito de confessar-se.

87. Que é o pecado venial?

O pecado venial é uma desobediência à Lei de Deus em matéria leve; ou, ainda, uma desobediência em matéria grave, sem perfeita advertência ou sem pleno consentimento da vontade.

88. Por que se chama venial esse pecado?

Chama-se venial esse pecado, porque, em relação ao pecado mortal, é uma culpa leve, que mais facilmente consegue de Deus o perdão.

89. De quantos modos se pode pecar?

Pode-se pecar de quatro modos: por pensamentos, palavras, obras e omissões.

90. Como se peca por pensamentos, palavras e obras?

Peca-se por pensamentos, palavras e obras quando, por advertência e consentimento da vontade, se pensa, deseja, se diz ou se pratica alguma coisa proibida pela Lei de Deus.

91. Como se peca por omissão?

Peca-se por omissão faltando voluntariamente ao próprio dever ou às obrigações do próprio estado.

LIÇÃO VI
DOS VÍCIOS CAPITAIS

92. Quantos são os vícios capitais?

Os vícios capitais são sete:

1°) Soberba;
2°) Avareza;
3°) Luxúria;
4°) Ira;
5°) Gula;
6°) Inveja;
7°) Preguiça.

93. Por que se chamam capitais esses vícios?

Esses vícios chamam-se capitais porque são a origem e a fonte de todos os pecados.

94. Como se vencem esses vícios?

Esses vícios se vencem com as virtudes que lhes são opostas:

a soberba se vence com a humildade;
a avareza, com a liberalidade;
a luxúria, com a castidade;
a ira, com a paciência;
a gula, com a abstinência;
a inveja, com a caridade;
a preguiça, com a diligência.

DOS PECADOS CONTRA O ESPÍRITO SANTO

95. Quantos são os pecados contra o Espírito Santo?

Os pecados contra o Espírito Santo são seis:

1°) Desesperação da salvação;
2°) Presunção de se salvar sem merecimentos;

3°) Negar a verdade conhecida como tal;
4°) Ter inveja das mercês que Deus fez a outrem;
5°) Obstinação no pecado;
6°) Impenitência final.

96. Por que se chamam contra o Espírito Santo estes pecados?

Chamam-se contra o Espírito Santo estes pecados, porque se cometem por pura malícia, o que diretamente repugna à bondade divina, que se atribui ao Espírito Santo.

DOS PECADOS QUE BRADAM AO CÉU

97. Quantos são os pecados que bradam ao céu e pedem a Deus vingança?

Os pecados que bradam ao céu e pedem vingança a Deus são quatro:

1°) Homicídio voluntário;
2°) Pecado sensual contra a natureza;
3°) Oprimir os pobres, órfãos e viúvas;
4°) Negar o salário aos que trabalham.

98. Por que se chamam pecados que bradam ao céu e pedem vingança de Deus?

Porque é tão grande e manifesta a malícia que eles encerram, que clamam e pedem vingança ao céu contra quem os comete.

DOS NOVÍSSIMOS DO HOMEM

99. Qual o pensamento mais eficaz para evitarmos o pecado?

O pensamento mais eficaz para evitarmos o pecado é o dos novíssimos, isto é, das últimas coisas que nos hão de acontecer.

100. Quantos e quais são os novíssimos do homem?

Os novíssimos do homem são quatro:

1°) Morte; 3°) Inferno;

2°) Juízo; 4°) Paraíso.

101. Quando convém pensar nos novíssimos?

Convém pensar assiduamente nos novíssimos, principalmente de manhã, ao despertar, de noite, antes do repouso, e todas as vezes que somos tentados.

QUARTA PARTE
DOS SACRAMENTOS

LIÇÃO I
DOS SACRAMENTOS EM GERAL

1. Qual é o principal efeito dos sacramentos?
O principal efeito dos sacramentos é a graça.

2. Que é a graça?
A graça é um dom interno, sobrenatural e gratuito, que Deus nos dá em relação à vida eterna.

3. Como se divide a graça?
A graça se divide em graça santificante ou habitual e graça atual.

4. Que é a graça santificante?
A graça santificante é um dom sobrenatural inerente à nossa alma, que nos faz santos, filhos adotivos de Deus e herdeiros do céu.

5. Como se perde a graça santificante?
A graça santificante se perde pelo pecado mortal.

6. Como se pode recuperar a graça santificante?
A graça santificante se recupera pelo Sacramento da Confissão ou por um ato de contrição perfeita, unido ao desejo de se confessar.

7. Que é a graça atual?

A graça atual é um dom sobrenatural transitório, que ilumina nosso entendimento, move e conforta nossa vontade para praticar o bem e evitar o mal.

8. Deus nos dá sempre a graça atual?

Sim; Deus nos dá a graça atual sempre que dela precisamos, ou lha pedimos com as devidas disposições.

9. Podemos resistir à graça de Deus?

Sim; podemos resistir à graça de Deus, porque ele não nos tira a liberdade; não o devemos fazer, porém.

10. Por que meio Deus nos comunica a sua graça?

Deus nos comunica a sua graça principalmente nos sacramentos.

11. Que se entende por sacramento?

Por sacramento se entende um sinal sensível e eficaz da graça, instituído por Nosso Senhor Jesus Cristo para nos santificar.

12. Por que se chamam os sacramentos sinais sensíveis e eficazes da graça?

Chamam-se os sacramentos sinais sensíveis e eficazes da graça, porque todos os sacramentos significam, por meio de coisas sensíveis, a graça que eles produzem na alma.

13. Explica isto com um exemplo.

Por exemplo, no Batismo, o derramar da água na cabeça da criança e as palavras eu te batizo, isto é, te lavo, te purifico, são um sinal sensível da graça que dá o Batismo: porque, assim como a água lava o corpo e o purifica, assim a graça conferida pelo Batismo nos purifica do pecado.

14. Como nos santificam os sacramentos?

Os sacramentos nos santificam, dando-nos ou aumentando em nós a graça, que nos torna santos e agradáveis a Deus.

15. Os sacramentos dão sempre a graça a quem os recebe?

Sim; os sacramentos dão sempre a graça; contanto que se recebam com as necessárias disposições.

16. Quem deu esta virtude aos sacramentos?

Foi Jesus Cristo que deu esta virtude aos sacramentos pela sua paixão e morte.

17. Quantos são os sacramentos?

Os sacramentos são sete:

1°) Batismo;
2°) Confirmação ou Crisma;
3°) Eucaristia;
4°) Penitência ou Confissão;
5°) Unção dos Enfermos;
6°) Ordem;
7°) Matrimônio.

18. Como se dividem os sacramentos?

Os sacramentos se dividem em sacramentos de mortos e sacramentos de vivos.

19. Quantos são os sacramentos de mortos?

Os sacramentos de mortos são dois: o Batismo e a Penitência.

20. Por que se chamam sacramentos de mortos?

O Batismo e a Penitência chamam-se sacramentos de mortos, porque conferem a vida da graça aos que estão mortos pelo pecado.

21. Quantos são os sacramentos de vivos?

Os sacramentos de vivos são cinco: a Crisma, a Eucaristia, a Unção dos Enfermos, a Ordem e o Matrimônio.

22. Por que se chamam sacramentos dos vivos?

Chamam-se sacramentos dos vivos, porque devem ser recebidos em estado de graça.

23. Que graça conferem os sacramentos de vivos?

Os sacramentos de vivos conferem um aumento da graça santificante, que já deve existir na alma de quem os recebe, e a graça sacramental, própria de cada sacramento.

24. Que pecado cometeria quem recebesse um dos sacramentos de vivos, sabendo que não está em graça de Deus?

Quem recebesse um sacramento de vivos, sabendo que não está em graça de Deus, cometeria um grave sacrilégio.

25. Quais são os sacramentos mais necessários para a salvação?

Os sacramentos mais necessários para a salvação são dois: o Batismo e a Penitência; o Batismo para todos; a Penitência para os que cometeram pecado mortal depois do Batismo.

26. Qual é o maior de todos os sacramentos?

O maior de todos os sacramentos é a Eucaristia, porque não só contém a graça, mas ainda o mesmo Jesus Cristo, autor da graça e dos sacramentos.

27. Quais são os sacramentos que se recebem uma só vez?

Os sacramentos que se recebem uma só vez são três: o Batismo, a Crisma e a Ordem.

28. Por que estes três sacramentos, o Batismo, Crisma e Ordem, só se recebem uma vez?

Estes três sacramentos, Batismo, Crisma e Ordem, só se recebem uma vez, porque cada um deles imprime caráter.

29. Que é o caráter que imprime cada um destes três sacramentos, Batismo, Crisma e Ordem?

O caráter que imprime cada um destes três sacramentos, Batismo, Crisma e Ordem, é um sinal espiritual impresso na alma para sempre.

30. Para que serve o caráter que estes três sacramentos imprimem na alma?

O caráter que estes três sacramentos, Batismo, Crisma e Ordem, imprimem na alma serve para marcar-nos: no Batismo, como membros de Jesus Cristo; na Crisma, como seus soldados; na Ordem, como seus ministros.

31. Que se requer para que haja um sacramento?

Para que haja um sacramento três coisas se requerem, a saber: matéria, forma e ministro, que tenha intenção de fazer o que faz a Igreja, quando ministra os sacramentos.

32. Que é a matéria dos sacramentos?

A matéria dos sacramentos é a coisa sensível de que se usa para ministrá-los, como, por exemplo, a água natural no Batismo; o óleo e bálsamo na Crisma.

33. Que é a forma dos sacramentos?

A forma dos sacramentos são as palavras que se proferem na administração deles.

34. Que é o ministro dos sacramentos?

O ministro dos sacramentos é a pessoa que confere o sacramento.

DOS SACRAMENTOS EM PARTICULAR

LIÇÃO II

DO BATISMO

35. Que é o Batismo?

O Batismo é um sacramento que Nosso Senhor Jesus Cristo instituiu para nos regenerar pela graça, fazer-nos, cristãos, filhos de Deus e da Igreja.

36. Quais são os efeitos do Batismo?

O Batismo:

1°) apaga o pecado original e também o atual, se houver;

2°) perdoa toda a pena devida a esses pecados;

3°) imprime-nos na alma o caráter de cristãos;

4°) faz-nos filhos de Deus e da Igreja e herdeiros do céu;

5°) torna-nos aptos para receber os outros sacramentos.

37. Qual é a matéria do Batismo?

A matéria do Batismo é a água natural, como a dos rios, das fontes, do mar, etc.

38. Qual é a forma do Batismo?

A forma do Batismo são as palavras: Eu te batizo em nome do Pai e do Filho e do Espírito Santo.

39. Quem é o ministro ordinário do Batismo?

O ministro ordinário do Batismo é o sacerdote, e principalmente o pároco.

40. Em caso de necessidade, qualquer pessoa pode batizar?

Em caso de necessidade, qualquer pessoa, ainda herege ou infiel, pode batizar.

41. Que intenção deve ter quem administra o Batismo?

Quem administra o Batismo deve ter a intenção de fazer o que a Igreja faz quando administra este sacramento.

42. Como se administra o Batismo?

Administra-se o Batismo, derramando água natural na cabeça da pessoa que se batiza, e pronunciando ao mesmo tempo as palavras: Eu te batizo em nome do Pai e do Filho e do Espírito Santo.

43. Será válido o Batismo quando um pronuncia as palavras e outro derrama a água?

Não; o Batismo não será válido, se um pronunciar as palavras e outro puser a água.

44. Não podendo derramar-se água na cabeça, deixa-se a pessoa sem Batismo?

Não podendo derramar-se água na cabeça, derrama-se em outra parte principal do corpo, pronunciando as mesmas palavras: Eu te batizo em nome do Pai e do Filho e do Espírito Santo.

45. Quando se devem batizar as crianças?

As crianças devem ser batizadas o mais breve possível.

46. Por que tanta pressa em batizar as crianças?

Deve-se ter tanta pressa em batizar as crianças porque pela sua tenra idade estão expostas a muitos perigos e acidentes, e, se morrerem sem batismo, não se podem salvar.

47. Pecam, então, gravemente, os pais que se demoram em levar ao Batismo seus filhos?

Sim; pecam gravemente os pais que se demoram em levar ao Batismo seus filhos, porque os expõem a morrer sem este sacramento e a ficar privados da felicidade eterna.

48. O Batismo é necessário para nos salvarmos?

Sim; o Batismo é absolutamente necessário para nos salvarmos, segundo a palavra do Senhor: Quem não renascer pela água e pelo Espírito Santo, não poderá entrar no reino dos céus.

49. A que fica obrigado quem se batiza?

Quem se batiza fica obrigado a professar sempre a fé e a observar a lei de Jesus Cristo e de sua Igreja.

50. A que mais se obriga quem recebe o Batismo?

Quem recebe o Batismo se obriga a renunciar para sempre a satanás, às suas obras e às suas pompas.

51. Que se entende por obras e pompas de satanás?

Por obras e pompas de satanás se entendem os pecados, as vaidades e as máximas do mundo, contrárias às máximas do Evangelho.

52. Quem faz essas promessas e renúncias em nome das crianças?

São os padrinhos que fazem essas promessas e renúncias em nome das crianças.

53. Somos obrigados a cumprir essas promessas e renúncias que por nós fizeram os nossos padrinhos?

Sim; somos obrigados a cumprir essas promessas e renúncias que por nós fizeram nossos padrinhos.

LIÇÃO III
DA CRISMA OU CONFIRMAÇÃO

54. Que é o Sacramento da Crisma?

A Crisma é um sacramento que nos dá o Espírito Santo, imprime na alma o caráter de soldado de Jesus Cristo e faz-nos perfeitos cristãos.

55. Não recebemos o Espírito Santo no Batismo?

Sim; no Batismo recebemos o Espírito Santo; não, porém, com a mesma abundância de graças como na Crisma.

56. De que modo a Crisma nos faz perfeitos cristãos?

A Crisma nos faz perfeitos cristãos, confirmando-nos na fé e aperfeiçoando as outras virtudes e dons que recebemos no Batismo.

57. Quantos e quais são os dons do Espírito Santo que recebemos na Crisma?

Os dons do Espírito Santo que recebemos na Crisma são sete:

1°) Sabedoria;
2°) Entendimento;
3°) Conselho;
4°) Fortaleza;
5°) Ciência;
6°) Piedade;
7°) Temor de Deus.

58. Devem todos procurar receber o Sacramento da Crisma?

Sim; todos devem procurar receber o Sacramento da Crisma e fazer que o recebam os seus subordinados.

59. A Crisma é necessária para a salvação?

Não; mas privam-se de muitas graças e pecam os que a deixam de receber por negligência.

60. Cometeria pecado quem recebesse a Crisma duas vezes?

Sim; quem recebesse a Crisma duas vezes cometeria um grave sacrilégio, porque a Crisma é sacramento que imprime caráter e só se recebe uma vez.

61. Que disposições se exigem para receber dignamente a Crisma?

Para receber dignamente a Crisma há mister achar-se a pessoa em estado de graça, conhecer os mistérios principais de nossa fé, apresentar-se ao bispo com respeito e devoção.

62. Quem é o ministro do Sacramento da Crisma?

O ministro do Sacramento da Crisma é o bispo.

63. Com que cerimônia o bispo administra o Sacramento da Crisma?

Para administrar o Sacramento da Crisma, primeiramente, o bispo, de pé, estende a mão sobre os que se vão crismar, invocando sobre eles o Espírito Santo; depois, com o santo Crisma, faz uma cruz na testa de cada um, dizendo as palavras da forma do sacramento da Crisma: Recebe, por este sinal, o dom do Espírito Santo. Em seguida diz: A paz esteja contigo. Por último, de pé, dá a bênção a todos os crismados.

64. Por que se faz a cruz na testa com o santo Crisma?

Faz-se a cruz na testa para significar que o crismado não deve nunca envergonhar-se do sinal do cristão, nem de professar a doutrina de Cristo.

65. Que é o santo Crisma?

O santo Crisma é uma mistura de óleo de oliveira e de bálsamo oriental, que o bispo consagra todos os anos na Quinta-feira Santa.

66. Que significa o óleo e o bálsamo no Sacramento da Crisma?

O óleo, pela virtude que tem de se espalhar e fortificar os corpos, significa a graça que abundantemente se difunde na alma do cristão, para fortificá-la e confirmá-la na fé; o bálsamo, pela sua fragrância e virtude de preservar da corrupção, significa que o cristão, fortalecido por essa graça, se torna capaz de dar bons exemplos de virtudes cristãs e preservar-se do contágio dos vícios.

67. Que deve fazer o cristão para conservar a graça do Sacramento da Crisma?

Para conservar a graça do Sacramento da Crisma o cristão deve orar frequentemente, fazer boas obras e viver segundo a lei de Jesus Cristo, sem respeito humano.

LIÇÃO IV
DA SS. EUCARISTIA

§ 1. Da presença real de Jesus Cristo na Eucaristia

68. Que é o Sacramento da Eucaristia?

A Eucaristia é o sacramento que contém o verdadeiro corpo e o verdadeiro sangue de Jesus Cristo, real e substancialmente presente, debaixo das espécies ou aparências de pão e de vinho, para nosso alimento espiritual.

69. Como se explica a presença real de Nosso Senhor Jesus Cristo na Eucaristia, debaixo das espécies ou aparência de pão e de vinho?

A presença real de Nosso Senhor Jesus Cristo na Eucaristia, debaixo das espécies ou aparências de pão e de vinho, explica-se pela maravilhosa conversão de toda a substância do pão no corpo e de toda a substância do vinho no sangue de Nosso Senhor Jesus Cristo.

70. Como se chama essa maravilhosa conversão?
Essa maravilhosa conversão chama-se *transubstanciação.*

71. Está na Eucaristia o mesmo Jesus Cristo que nasceu de Maria Virgem?
Sim; na Eucaristia está o mesmo Jesus Cristo que nasceu de Maria Virgem e que está no céu.

72. Por que crês tu que nesse sacramento está Jesus Cristo?
Creio que no Sacramento da Eucaristia está Jesus Cristo, porque ele mesmo o disse e a Santa Madre Igreja o ensina.

73. Qual é a matéria do Sacramento da Eucaristia?
A matéria do Sacramento da Eucaristia é o pão de trigo e vinho de uva, que foi a matéria empregada por Nosso Senhor Jesus Cristo.

74. Que é a hóstia antes da consagração?
A hóstia, antes da consagração, é pão.

75. Que é a hóstia depois da consagração?
A hóstia, depois da consagração, é o verdadeiro corpo de Nosso Senhor Jesus Cristo, debaixo das espécies ou aparências de pão.

76. Que há no cálice antes da consagração?
No cálice, antes da consagração, há vinho.

77. Que há no cálice depois da consagração?
No cálice, depois da consagração, há o verdadeiro sangue de Nosso Senhor Jesus Cristo, debaixo das espécies ou aparências de vinho.

78. Quando se faz a conversão do pão e do vinho no verdadeiro corpo e no verdadeiro sangue de Nosso Senhor Jesus Cristo?

Essa conversão se faz no momento em que o sacerdote pronuncia as palavras da consagração, na missa.

79. Quem deu tanto poder a essas palavras?

Quem deu tanto poder a essas palavras foi Jesus Cristo, quando as pronunciou na última ceia.

80. Então depois da consagração da hóstia e do vinho nada fica de pão e de vinho?

Depois da consagração da hóstia e do vinho, nada fica de pão e de vinho, a não ser as espécies ou aparências.

81. Que coisas são as espécies do pão e do vinho?

As espécies do pão e do vinho são os acidentes, isto é, a quantidade e as qualidades sensíveis do pão e do vinho, como a cor, o cheiro, o sabor, etc.

82. Debaixo das espécies do pão só há o corpo de Jesus Cristo, e debaixo das espécies do vinho só há o seu sangue?

Tanto debaixo das espécies do pão como debaixo das espécies do vinho está Jesus Cristo todo inteiro, corpo, sangue, alma e divindade.

83. Jesus Cristo está vivo em todas as hóstias consagradas no mundo?

Sim; Jesus Cristo está vivo em todas as hóstias consagradas no mundo.

84. Quando se parte a hóstia, parte-se também o corpo de Jesus Cristo?

Não; quando se parte a hóstia, não se parte o corpo de Jesus Cristo; partem-se somente as espécies do pão.

85. Em que parte da hóstia está o corpo de Jesus Cristo?

O corpo de Jesus Cristo está todo inteiro em cada uma das partes em que se divide a hóstia.

86. Por que motivo se conserva a Eucaristia ou o Santíssimo Sacramento nas igrejas?

O Santíssimo Sacramento se conserva nas igrejas para ser visitado e adorado pelos fiéis, e para ser levado aos enfermos em caso de necessidade e como viático.

§ 2. Do fim e dos efeitos da Eucaristia

87. Por que instituiu Jesus Cristo a Santíssima Eucaristia?

Jesus Cristo instituiu a Santíssima Eucaristia por muitas razões:

1°) Para ser o sacrifício permanente da nova lei;

2°) Para alimento espiritual de nossas almas;

3°) Para perpétua comemoração de sua paixão e morte, e penhor preciosíssimo de seu amor aos homens e da vida eterna.

88. Que efeitos produz em nós a Eucaristia?

Os principais efeitos, que a Eucaristia produz em nós, são:

1°) Conservar e aumentar a vida da alma, que é a graça, como o alimento material conserva e aumenta a vida do corpo;

2°) Apagar os pecados veniais e preservar dos mortais;

3°) Unir-nos a Jesus Cristo e fazer-nos viver de sua vida.

§ 3. Disposições para a comunhão e da obrigação de comungar

89. Quais são as disposições necessárias para bem comungar?
Para bem comungar três coisas são necessárias:

1°) O estado de graça;

2°) Estar em jejum;

3°) Saber o que se vai receber e apresentar-se à comunhão com fé e devoção.

90. Que quer dizer estado de graça?
Estado de graça quer dizer ter a consciência pura e livre de todo pecado mortal.

91. Que pecado comete quem comunga em pecado mortal?
Quem comunga em pecado mortal, se tem consciência de seu estado, comete horrível sacrilégio.

92. Que jejum se exige para comungar?
Para comungar se exige o jejum de uma hora antes da comunhão; água não quebra o jejum.

93. Em que consiste a fé e devoção com que devemos comungar?
A fé consiste em crer que Jesus Cristo está realmente presente neste sacramento, e a devoção consiste em recebê-lo com todo o respeito, modéstia e recolhimento.

94. Há obrigação de comungar?
Há obrigação de comungar em perigo de morte e, ao menos, uma vez cada ano, pela Páscoa da Ressurreição.

95. Em que idade começa a obrigar o preceito da comunhão pascal?

O preceito da comunhão pascal começa a obrigar desde a idade em que o menino é capaz de recebê-la com as devidas disposições.

§ 4. Do santo sacrifício da missa

96. A Eucaristia deve-se considerar somente como sacramento?

Não; a Eucaristia é também o sacrifício permanente da nova lei que Jesus Cristo deixou à sua Igreja, para ser oferecido a Deus por meio dos sacerdotes.

97. Como se chama este sacrifício da nova lei?

Este sacrifício da nova lei chama-se o sacrifício da missa.

98. Que é a missa?

A missa é o sacrifício incruento do corpo e do sangue de Jesus Cristo, oferecido sobre os nossos altares, debaixo das espécies de pão e de vinho, em memória do sacrifício da cruz.

99. Quem instituiu o sacrifício da missa?

O sacrifício da missa foi instituído pelo próprio Jesus Cristo, quando instituiu o Sacramento da Eucaristia na noite antes de sua paixão.

100. A quem se oferece o sacrifício da missa?

O sacrifício da missa se oferece a Deus somente.

101. Para que fins se oferece a Deus o sacrifício da missa?

O sacrifício da missa se oferece a Deus para quatro fins:

1°) Para honrar a Deus;

2°) Para dar-lhe graças pelos benefícios recebidos;

3°) Para aplacá-lo e dar-lhe satisfação pelos nossos pecados;

4°) Para obter todas as graças que nos são necessárias.

102. Por quem se oferece o sacrifício da missa?
O sacrifício da missa se oferece por todos os homens, principalmente pelos fiéis e pelas almas que se acham no purgatório.

103. O sacrifício da missa aproveita às almas do purgatório?
Sim; o sacrifício da missa aproveita às almas do purgatório, aliviando e abreviando os seus sofrimentos.

104. É coisa útil participar da missa todos os dias?
Sim; é coisa utilíssima, se bem que não seja isso obrigatório.

105. Como se deve participar da missa?
Deve-se participar da missa inteira, com devoção, conforme o missal ou meditando no mistério da nossa Redenção e comungando sempre que possível.

LIÇÃO V
DA PENITÊNCIA
Das disposições para bem receber o Sacramento da Penitência

106. Que é o Sacramento da Penitência?
A Penitência, chamada também Confissão, é um sacramento instituído por Nosso Senhor Jesus Cristo, para perdoar os pecados cometidos depois do Batismo.

107. O Sacramento da Penitência é necessário para nos salvarmos?

Sim; o Sacramento da Penitência é necessário para nos salvarmos, se tivermos cometido algum pecado mortal depois do Batismo.

108. Quantas são as partes do Sacramento da Penitência?

As partes do Sacramento da Penitência são quatro: contrição, confissão, absolvição e satisfação.

§ 1. Do exame

109. Que coisas se exigem para fazer uma boa confissão?

Para fazer uma boa confissão se exigem cinco coisas: 1°) exame; 2°) arrependimento; 3°) propósito; 4°) confissão; 5°) satisfação.

110. Mas, antes de tudo, que é necessário para fazer uma boa confissão?

Para fazer uma boa confissão é necessário, antes de tudo, pedir luzes a Deus para conhecermos todos os nossos pecados e força para detestá-los.

111. Como devemos fazer o exame de consciência?

Para fazer o exame de consciência nós nos devemos pôr na presença de Deus e examinar com diligência sobre os pecados cometidos por pensamentos, palavras, obras e omissões, contra os mandamentos da Lei de Deus e da Igreja e contra as obrigações do próprio estado.

112. Devemos também indagar o número dos pecados?

Sim; se os pecados são mortais, devemos também indagar o número deles.

113. Além do número dos pecados mortais, devemos também notar as circunstâncias?

Sim; além do número dos pecados mortais, devemos examinar as circunstâncias que mudam a espécie do pecado ou mudam o pecado venial em mortal.

114. Será conveniente acusar também outras circunstâncias?

Sim; é conveniente acusar também as circunstâncias que aumentam de muito a malícia do pecado.

115. Podes dar algum exemplo de circunstâncias que mudam a espécie do pecado?

Por exemplo, quem furtou na Igreja, ou quem bateu em um sacerdote, deve notar esta circunstância do lugar sagrado ou da pessoa sagrada, para declará-la na confissão, porque em tal caso o pecado de furto ou de espancamento vem a ser, além disso, um sacrilégio.

116. Sabes algum exemplo das circunstâncias que aumentam muito a malícia do pecado?

Quem furta uma grande soma de dinheiro, por exemplo, mil reais, comete um pecado mais grave do que se roubasse somente dez reais, ainda que este também seja grave.

117. É necessário fazer o exame de toda a vida passada, em cada confissão?

Não; basta fazer o exame a partir da última confissão bem feita.

§ 2. Do arrependimento e do propósito

118. Que é o arrependimento dos pecados?

O arrependimento dos pecados é uma verdadeira dor e sincera detestação dos pecados cometidos, com firme propósito de nunca mais pecar.

119. Para que seja bem feita a confissão, é necessário o arrependimento?

O arrependimento é absolutamente necessário para que seja bem feita a confissão, tanto assim é que, não havendo arrependimento, os pecados não ficam perdoados.

120. Por que motivo nós nos devemos arrepender?

Nós nos devemos arrepender porque, pecando, ofendemos a Deus, infinitamente bom e digno de ser amado sobre todas as coisas, e porque merecemos os castigos do pecado.

121. Que devemos fazer para conseguirmos o arrependimento?

Para conseguir o arrependimento havemos de pedi-lo a Deus, excitá-lo em nós pela consideração do grande mal que fizemos pecando.

122. Quantas espécies há de arrependimento?

Há duas espécies de arrependimento: perfeito ou contrição, e imperfeito ou atrição.

123. Que é o arrependimento perfeito ou contrição?

O arrependimento perfeito ou contrição é a dor e detestação dos pecados, por ter ofendido a Deus, infinitamente bom e digno de ser amado sobre todas as coisas.

124. Por que se chama este arrependimento perfeito?

Este arrependimento chama-se perfeito:

1°) porque se refere diretamente à bondade de Deus;

2°) porque nos obtém logo o perdão dos pecados.

125. Que é o arrependimento imperfeito ou atrição?

O arrependimento imperfeito ou atrição é a dor e detestação dos pecados, por temor dos castigos merecidos nesta vida ou na outra.

126. A atrição é bastante para conseguir o perdão dos pecados?
A atrição é bastante para conseguir o perdão dos pecados, quando unida à absolvição sacramental.

127. Que mal fizemos com o pecado mortal?
O mal que fizemos com o pecado mortal consiste:

1°) em termos ofendido a Deus, nosso Senhor e nosso Pai, digno de ser amado sobre todas as coisas;

2°) em termos perdido a graça de Deus e o céu;

3°) em termos merecido as penas do inferno.

128. O arrependimento deve se estender a todos os pecados?
Sim; o arrependimento deve estender-se a todos os pecados mortais cometidos.

129. Quem se confessa somente dos pecados veniais, precisa ter arrependimento de todos?
Não; para a validade da confissão basta ter arrependimento de um ou outro pecado venial, mas, para alcançar o perdão de todos, é necessário arrepender-se de todos.

130. Em que consiste o propósito?
O propósito consiste na vontade firme e decidida de nunca mais pecar, e de empregar todos os meios necessários para evitar o pecado.

131. Quais são os principais meios para evitar o pecado?
Os principais meios para evitarmos o pecado são: a oração frequente, pedindo a Deus força para não o ofendermos; a frequência da comunhão e confissão; e a fugida das ocasiões próximas.

132. Que se entende por ocasião próxima do pecado?
Por ocasião próxima do pecado se entende aquela circunstância em que o homem ordinariamente cai em pecado.

133. Há obrigação de evitar a ocasião próxima do pecado?
Sim; há tão grave obrigação de evitar a ocasião próxima do pecado, que nunca pode ser perdoado quem não a quiser deixar, podendo.

§ 3. Da confissão

134. Em que consiste a confissão?
A confissão consiste na acusação clara e distinta dos pecados, feita ao confessor, para recebermos a absolvição e a penitência.

135. Que pecados somos obrigados a confessar?
Somos obrigados a confessar os pecados mortais; mas é bom também confessar os pecados veniais.

136. Como devemos acusar os pecados?
Devemos acusar os pecados, declarando o número deles, a espécie e as circunstâncias, que mudam a espécie, ou mudam o pecado venial em mortal.

137. Quem não se recorda do número exato dos pecados mortais, como há de fazer?
Quem não se recorda do número exato dos pecados mortais que cometeu, deve dizer o número que mais se aproximar da realidade.

138. Que pecado cometeria quem, por vergonha ou medo, se tivesse confessado mal, ocultando algum pecado?
Quem, por vergonha ou medo, houvesse ocultado pecado grave, ou mentido em matéria grave, na confissão, não alcançaria perdão de nenhum pecado e cometeria um sacrilégio.

139. Que deve fazer quem se confessou mal?

Quem se confessou mal deve repetir a confissão malfeita e todas as outras que lhe seguiram.

140. Quando é que a confissão é malfeita?

A confissão é malfeita quando nela se oculta pecado mortal ou não se tem arrependimento dos pecados.

141. Quem, por esquecimento, deixou de acusar um pecado mortal, ou uma circunstância, que devia declarar, fez boa confissão?

Sim; quem, por esquecimento, deixou de acusar um pecado mortal ou uma circunstância que devia declarar, fez boa confissão.

142. Que deve fazer quem na confissão esqueceu pecados mortais?

Quem na confissão esqueceu pecados mortais deve acusá-los na primeira confissão que fizer.

§ 4. Do modo de se confessar

143. Que farás, apresentando-te ao confessor?

Apresentando-me ao confessor, ajoelhar-me-ei a seus pés e direi: Padre, dai-me a vossa bênção, que pequei; farei o sinal da cruz e direi o Eu pecador, todo ou somente as palavras: "Eu pecador me confesso a Deus e a vós, padre"; em seguida farei a acusação dos meus pecados.

144. É coisa útil acusar algum pecado grave da vida passada?
Sim; quando a confissão constar só de pecados veniais, é útil acusar algum pecado grave da vida passada, para mais facilmente excitar o arrependimento e assegurar a absolvição.

145. Que farás depois da acusação dos pecados?
Depois da acusação dos pecados, ouvirei com atenção os conselhos do confessor: aceitarei a penitência que der e, quando me absolver, renovarei o ato de contrição.

146. Que farás depois da absolvição?
Depois de receber a absolvição, retirar-me-ei modestamente e irei dar graças a Deus; cumprirei quanto antes a penitência e porei em prática os avisos e conselhos do confessor.

§ 5. Da absolvição e da satisfação

147. Que é a absolvição?
A absolvição é uma sentença que o sacerdote pronuncia em nome de Jesus Cristo, para apagar e perdoar os pecados.

148. Que é a satisfação?
A satisfação é a execução da penitência imposta pelo confessor.

149. Quando se deve cumprir a penitência?
Se o confessor marcar o tempo, o penitente deverá cumprir a penitência no tempo marcado; se não marcar, convém que a cumpra quanto antes.

150. Que fim tem a penitência imposta pelo confessor?
A penitência imposta pelo confessor tem por fim a reparação da injúria feita a Deus pelos pecados cometidos.

151. Somos obrigados a satisfazer a Deus ainda depois da absolvição dos nossos pecados?

Sim; somos obrigados a satisfazer a Deus ainda depois da absolvição dos nossos pecados, porque a absolvição perdoa os pecados e as penas eternas que lhes são devidas; não nos perdoa, porém, as penas temporais, que devemos sofrer nesta vida ou na outra.

152. Em que consiste a reparação da injúria feita a Deus pelos nossos pecados?

A reparação da injúria feita a Deus pelos nossos pecados consiste na execução da penitência que nos foi imposta pelo confessor e na prática de outras obras satisfatórias.

153. Conheces algumas obras satisfatórias?

São obras satisfatórias: oração, jejum, austeridade, esmolas e outras semelhantes.

154. É bom confessarmo-nos frequentemente?

Sim; é bom confessarmo-nos frequentemente, cada oito ou quinze dias; o mais tardar cada mês.

§ 6. Das indulgências

155. Que outro meio nos oferece a Igreja para satisfazermos a Deus pelas penas temporais devidas aos nossos pecados?

A Igreja nos oferece as indulgências.

156. Que é indulgência?

A indulgência que a Igreja concede é a remissão da pena temporal devida aos pecados já perdoados.

157. De quem recebeu a Igreja a faculdade de conceder indulgências?

A Igreja recebeu de Jesus Cristo a faculdade de conceder indulgências.

158. Como remite a Igreja a pena temporal por meio das indulgências?

A Igreja remite a pena temporal aplicando-se o fruto dos merecimentos de Jesus Cristo, de Maria Santíssima e dos santos.

159. As indulgências dispensam-nos porventura da obrigação de fazer penitência?

Não; as indulgências não nos dispensam da obrigação de fazer penitência, mas auxiliam a nossa boa vontade e suprem a fraqueza de nossas forças.

160. Que é necessário fazer para ganhar as indulgências?

Para ganhar as indulgências é necessário executar exatamente as obras prescritas e fazer a última em estado de graça.

161. As indulgências poderão também aproveitar as almas do purgatório?

Sim; as indulgências aproveitam também às almas; do purgatório, se o papa conceder que sejam aplicadas em sufrágio delas.

162. Quantas espécies há de indulgências?

Há duas espécies: indulgências plenárias e indulgências parciais.

163. Que são as indulgências plenárias?

As indulgências plenárias são as que remitem toda a pena temporal devida aos pecados.

164. Que são as indulgências parciais?

As indulgências parciais são as que remitem somente uma parte da pena temporal devida aos nossos pecados.

165. Que são as penas temporais?

As penas temporais são aquelas que devemos sofrer na presente vida ou no purgatório por causa de nossas faltas ou da imperfeição do nosso arrependimento.

166. Quem tem o poder de conceder indulgências?

Só o papa tem o poder de conceder indulgências em toda a Igreja, e os bispos em suas dioceses, por concessão do papa.

167. Que é o jubileu?

O jubileu, que ordinariamente se concede cada vinte e cinco anos, é uma indulgência plenária, a que estão anexos muitos privilégios e concessões especiais, como: a absolvição de certos pecados reservados e certas censuras e a comutação de certos votos.

LIÇÃO VI
DA UNÇÃO DOS ENFERMOS

168. Que é o Sacramento da Unção dos Enfermos?

A Unção dos Enfermos é o sacramento instituído por Nosso Senhor Jesus Cristo para alívio espiritual e temporal dos doentes.

169. Que efeitos produz o Sacramento da Unção dos Enfermos?

O Sacramento da Unção dos Enfermos produz os efeitos seguintes:

1°) Aumenta a graça santificante;

2°) Apaga os pecados veniais e também os mortais quando o enfermo contrito não for mais capaz de confessá-los;

3°) Livra a alma de todos os resíduos de pecado, a saber: de certo torpor e frieza para o bem, que ficam na alma ainda depois de perdoados;

4°) Restitui a saúde do corpo, se assim convier à salvação da alma, ou à glória de Deus;

5°) Dá conforto e paciência ao enfermo para suportar os incômodos e trabalhos da doença, e força para resistir às tentações e morrer santamente.

170. Quando se deve receber a Unção dos Enfermos?

Deve-se receber a Unção dos Enfermos quando se começa a correr perigo de morte por motivo de doença ou idade avançada. A Unção é administrada depois da confissão do doente e antes do viático.

171. Se o doente não puder confessar-se, poderá receber a Unção dos Enfermos?

Sim; mesmo quando não puder confessar-se, por ter perdido a fala ou por outro motivo, deverá receber a Sagrada Unção.

LIÇÃO VII
DA ORDEM

172. Que é o Sacramento da Ordem?

A Ordem é um sacramento instituído por Nosso Senhor Jesus Cristo para conferir o poder e a graça de exercer as funções e ministérios eclesiásticos, que referem ao culto de Deus e à salvação das almas.

173. Qual deve ser o fim de quem abraça o estado eclesiástico?

O fim de quem abraça o estado eclesiástico deve ser a glória de Deus e a salvação das almas.

174. Pode alguém por si mesmo escolher este estado?

Não; ninguém por si mesmo há de escolher o estado eclesiástico, mas deve esperar o chamado ou a vocação de Deus.

175. Faria mal quem abraçasse o estado eclesiástico sem a vocação divina?

Sim; quem abraçasse o estado esclesiástico sem a vocação divina faria um grande mal e poria em perigo a própria salvação.

176. Quais são os deveres dos fiéis em relação aos que são chamados às ordens sacras?

Os fiéis devem:

1°) Deixar aos seus filhos plena liberdade de obedecer à vocação de Deus;

2°) Pedir a Deus que se digne de conceder à sua Igreja bons pastores e zelosos ministros.

3°) Guardar grande respeito a todos que, por meio das ordens, se consagram ao serviço de Deus.

177. Quer a Igreja que os fiéis peçam a Deus bons pastores e zelosos ministros?

Sim; a Igreja quer que os fiéis peçam a Deus bons pastores e zelosos ministros; porque para esse fim ela instituiu o jejum e a abstinência das têmporas; pois, regularmente, nas têmporas é que a Igreja confere ordens.

LIÇÃO VIII
DO MATRIMÔNIO

178. Que é o Matrimônio?

O Matrimônio é um sacramento que Nosso Senhor Jesus Cristo instituiu para estabelecer uma santa e indissolúvel união entre o homem e a mulher e dar-lhes a graça de se amarem mutuamente e educarem cristãmente seus filhos.

179. O Sacramento do Matrimônio tem alguma significação especial?

O Sacramento do Matrimônio significa a união de Jesus Cristo com a Santa Igreja, sua esposa e nossa mãe.

180. Por que é indissolúvel o vínculo matrimonial?

O vínculo matrimonial é indissolúvel porque assim o determinou Deus, desde o princípio, e Jesus Cristo o confirmou.

181. Que quer dizer vínculo matrimonial indissolúvel?

Vínculo matrimonial indissolúvel quer dizer que a união entre os casados não se rompe senão pela morte de um deles.

182. Que se exige para que o casamento seja válido?

Para que o casamento seja válido, exige-se que não haja impedimento que o anule, e seja celebrado na presença do pároco, em sua paróquia, e de duas testemunhas.

183. Com que disposições devem casar-se os nubentes?

Os nubentes devem confessar-se e ter o propósito de cumprir as obrigações de seu novo estado.

184. O chamado casamento civil é verdadeiro para os cristãos?

Não; porque o casamento civil não é sacramento.

185. Que é o casamento civil?

O casamento civil é um simples ajuste de união entre homem e mulher, celebrado perante o oficial civil, tendo simplesmente, para o católico, o valor de mero registro.

186. Nos países em que for lei o casamento civil, que convém fazer?

Nos países em que for lei o casamento civil, convém que os cônjuges cristãos, celebrado perante a Igreja seu casamento, se apresentem ao oficial civil, a fim de conseguirem os efeitos civis.

187. Pode o casamento cristão ser dissolvido pelo magistrado civil?

Nunca; o casamento cristão só é dissolvido pela morte de um dos cônjuges.

188. Que pensar então do divórcio?

O divórcio é contrário à Lei de Deus, à felicidade das famílias e aos interesses da sociedade.

QUINTA PARTE
DAS VIRTUDES PRINCIPAIS E DAS OUTRAS COISAS QUE DEVE SABER O CRISTÃO

LIÇÃO I
DA VIRTUDE

1. Que é a virtude?

Virtude é o hábito que nos facilitará o conhecimento e a prática do bem.

2. Quais são as virtudes principais?

As virtudes principais são sete: três teologais e quatro cardeais.

§ 1. Das virtudes teologais

3. Quais são as virtudes teologais?

As virtudes teologais são: a fé, a esperança e a caridade.

4. Por que se chamam virtudes teologais a fé, a esperança e a caridade?

A fé, a esperança e a caridade se chamam virtudes teologais porque se referem diretamente a Deus.

5. Quando é que Deus nos infunde na alma as virtudes teologais?

Deus nos infunde na alma as virtudes teologais quando nos dá a sua graça santificante: por isso no santo Batismo as recebemos e com elas os dons do Espírito Santo.

6. Para salvar-se, basta haver recebido no Batismo as virtudes teologais?

Aos que têm o uso da razão não basta, para se salvarem, haverem recebido as virtudes teologais, no Batismo; mas é necessário fazerem frequentemente atos dessas virtudes.

7. Quando somos obrigados a fazer atos de fé, de esperança e de caridade?

Somos obrigados a fazer atos de fé, de esperança e de caridade:

1°) tendo chegado ao uso da razão;

2°) muitas vezes durante a vida;

3°) em perigo de morte.

1. DA FÉ

8. Que é a fé?

A fé é uma virtude sobrenatural infusa, pela qual cremos firmemente todas as verdades reveladas por Deus e propostas pela Igreja.

9. Como chegamos a conhecer as verdades reveladas por Deus?

Chegamos a conhecer as verdades reveladas por Deus por meio de sua Igreja infalível; isto é, por meio do papa, sucessor de S. Pedro, e dos bispos unidos ao papa.

10. Estamos certos do que nos ensina a Santa Igreja?

Sim; estamos certíssimos do que nos ensina a Santa Igreja, porque Jesus Cristo empenhou a sua palavra que a Igreja não se enganaria nunca.

11. Com que pecado se perde a fé?

A fé se perde negando ou duvidando voluntariamente até de um só dos artigos que devemos crer.

12. Como se readquire a fé perdida?

A fé perdida se readquire pelo arrependimento, crendo de novo tudo o que crê a Igreja.

13. Podemos compreender todas as verdades da fé?

Não; não podemos compreender todas as verdades da fé, porque algumas dessas verdades são mistérios.

A. Dos mistérios

14. Que são os mistérios?

Os mistérios são as verdades superiores à nossa razão, as quais devemos crer, ainda que não as possamos compreender.

15. Por que devemos crer nos mistérios?

Devemos crer nos mistérios porque foram revelados por Deus que, sendo verdade e sabedoria infinita, não nos pode enganar nem ser enganado.

16. Serão os mistérios contra a razão?

Os mistérios são superiores, mas não contrários à razão, que nos persuade a admitir os mistérios.

17. Por que não podem ser contrários à razão os mistérios?

Os mistérios não podem ser contrários à razão porque o mesmo Deus, que nos deu a luz da razão, nos revelou os mistérios, e ele não pode se contradizer.

18. Onde se encontram as verdades reveladas por Deus?

As verdades reveladas por Deus se encontram na Sagrada Escritura e na tradição.

B. Da Sagrada Escritura

19. Que é a Sagrada Escritura?

A Sagrada Escritura é a coleção dos livros escritos pelos profetas e hagiógrafos, pelos apóstolos e pelos evangelistas, por inspiração do Espírito Santo e recebidos pela Igreja como inspirados.

20. Em quantas partes se divide a Sagrada Escritura?

A Sagrada Escritura se divide em duas partes: Antigo e Novo Testamento.

21. Que contém o Antigo Testamento?

O Antigo Testamento contém os livros inspirados, escritos antes da vinda de Jesus Cristo.

22. Que contém o Novo Testamento?

O Novo Testamento contém os livros inspirados, escritos depois da vinda de Jesus Cristo.

23. Que nome se dá comumente à Sagrada Escritura?

Dá-se comumente à Sagrada Escritura o nome de Bíblia Sagrada.

24. Que significa a palavra Bíblia?

A palavra Bíblia significa a coleção dos livros santos, o livro por excelência, o livro dos livros, o livro inspirado por Deus.

25. Por que se chama a Sagrada Escritura o livro por excelência?

A Sagrada Escritura chama-se o livro por excelência por causa da matéria de que trata e por causa de seu autor.

26. Não poderá haver erro na Sagrada Escritura?

Na Sagrada Escritura não pode haver erro: porque, sendo toda ela inspirada, o autor de todas as suas partes é o mesmo Deus. Isto não impede que nas traduções e cópias da mesma tenha podido escapar algum erro, ou dos copistas ou dos tradutores. Mas nas edições revistas e aprovadas pela Igreja Católica não pode haver erro no que se refere à fé e à moral.

27. É necessário que todos os cristãos leiam a Bíblia?

Sim; é necessário que todos os cristãos leiam a Bíblia e a estudem com carinho para poderem participar consciente e frutuosamente da vida da Igreja.

28. Pode-se ler qualquer tradução vulgar da Bíblia?

Não; podem-se ler somente traduções vulgares da Bíblia que foram aprovadas pela Igreja como autênticas, acompanhadas de notas explicativas, também aprovadas pela mesma Igreja.

29. Só é lícito ler as traduções da Bíblia que foram aprovadas pela Igreja?

Sim; só é lícito ler as traduções da Bíblia que foram aprovadas pela Igreja, porque só a Igreja é guarda legítima da Bíblia.

30. Por meio de quem podemos obter o verdadeiro sentido das Sagradas Escrituras?

O verdadeiro sentido das Sagradas Escrituras somente podemos obter por meio da Igreja: porque somente ela, interpretando-as, tem o dom da inerrância.

31. Que deveria fazer o católico, se lhe fosse oferecida a Bíblia por um protestante ou algum emissário dos protestantes?

Se a um católico fosse oferecida a Bíblia por um protestante ou por algum emissário dos protestantes, ele deveria recebê-la delicadamente, e buscar instruir-se sobre as dificuldades de nossos irmãos separados com católicos competentes.

32. Por que não nos convém ler as bíblias protestantes?

Não nos convém ler as bíblias protestantes, porque não correspondem à doutrina católica, ou porque não têm a aprovação da Igreja, nem as notas explicativas aprovadas por ela.

C. Da tradição

33. Que é a tradição?

A tradição é a Palavra de Deus não escrita, mas comunicada de viva voz por Jesus Cristo e pelos apóstolos, e transmitida, sem alteração, de século em século, até nós, pelo magistério infalível.

34. Onde se encontram os ensinamentos da tradição?

Os ensinamentos da tradição se encontram principalmente nos decretos dos concílios, nos escritos dos Santos Padres, nos atos da Santa Sé, nas palavras e nos usos da sagrada liturgia.

35. Que valor se deve dar à tradição?

À tradição se deve dar o valor que se dá à Palavra de Deus revelada, contida na Sagrada Escritura, pois ambas promanam da mesma fonte divina.

2. DA ESPERANÇA

36. Que é a esperança?

A esperança é uma virtude sobrenatural infusa, pela qual confiamos alcançar de Deus a vida eterna e os meios necessários para consegui-la.

37. Por que devemos esperar de Deus o céu e os auxílios necessários para consegui-lo?

Devemos esperar de Deus o céu e os auxílios necessários para consegui-lo, porque Deus, por sua misericórdia, em vista dos merecimentos de Nosso Senhor Jesus Cristo, os prometeu aos que fielmente o servissem e, sendo ele fidelíssimo e onipotente, cumprirá sua promessa.

38. Como se perde a esperança?

Perde-se a esperança quando se perde a fé; perde-se também pelo pecado de desespero e presunção.

39. Como se readquire a esperança perdida?

Readquire-se a esperança perdida pelo arrependimento do pecado cometido e pela confiança na bondade divina.

3. DA CARIDADE

40. Que é a caridade?

A caridade é uma virtude sobrenatural infusa, pela qual amamos a Deus sobre todas as coisas e ao próximo como a nós mesmos, por amor de Deus.

41. Por que devemos amar a Deus?
Devemos amar a Deus porque Ele é o sumo bem, infinitamente bom e perfeito; porque Ele no-lo ordena e pelos muitos benefícios que nos faz.

42. Por que devemos amar o próximo como a nós mesmos?
Devemos amar o próximo como a nós mesmos porque Deus no-lo ordena e porque todos somos irmãos, filhos de Deus e feitos à sua imagem e semelhança.

43. Somos obrigados a amar também os nossos inimigos?
Sim; somos obrigados a amar também os nossos inimigos, porque eles são também nosso próximo e porque Jesus Cristo nos faz disto um especial mandamento.

44. Que quer dizer amar ao próximo como a nós mesmos?
Amar ao próximo como a nós mesmos quer dizer que devemos desejar ao próximo aquilo que a nós mesmos desejamos.

45. Como se perde a caridade?
A caridade se perde pelo pecado mortal.

46. Como se readquire a caridade?
Readquire-se a caridade fazendo atos de amor de Deus, arrependendo-se e confessando-se com as devidas disposições.

§ 2. Das virtudes cardeais

47. Quais são as virtudes cardeais?
As virtudes cardeais são quatro: prudência, justiça, temperança e fortaleza.

48. Por que se chamam virtudes cardeais?
Chamam-se virtudes cardeais porque são como o princípio e fundamento das outras virtudes.

49. Quais são os efeitos próprios das virtudes cardeais?

Os efeitos próprios das virtudes cardeais são os seguintes:

A prudência nos torna atentos e cautelosos para que as nossas ações se dirijam a um fim reto e as nossas obras sejam bem-feitas e agradáveis a Deus.

A justiça nos move a dar a cada um o que lhe pertence.

A temperança nos auxilia a dominar os desejos desordenados e usar com moderação dos bens temporais.

A fortaleza nos dá coragem e generosidade para afrontarmos os perigos e mesmo a morte, se necessário for, pelo serviço de Deus.

LIÇÃO II
OS DONS DO ESPÍRITO SANTO

50. Que coisa é o dom do Espírito Santo?

Dom do Espírito Santo é uma moção constante, recebida de Deus, que nos torna fácil e suave a prática das virtudes sobrenaturais.

51. Quantos são os dons do Espírito Santo?

Os dons do Espírito Santo são sete:

1°) Sabedoria;
2°) Entendimento;
3°) Conselho;
4°) Fortaleza;
5°) Ciência;
6°) Piedade;
7°) Temor de Deus.

52. Que efeitos produzem em nós os dons do Espírito Santo?

Os efeitos que produzem em nós os dons do Espírito Santo são estes:

1°) o dom da sabedoria nos faz conhecer claramente o nosso fim e os meios de o alcançarmos;

2º) o dom do entendimento nos faz conhecer as verdades reveladas, convencendo-nos profundamente delas;

3º) o dom do conselho nos ensina o melhor partido que devemos tomar para nossa santificação e o que mais contribui para a glória de Deus;

4º) o dom da fortaleza nos sustenta nos perigos, nos temores e tentações, e nos faz triunfar das dificuldades, que se opõem à nossa salvação;

5º) o dom da ciência nos mostra o nada das coisas criadas, nossas obrigações e o caminho mais seguro para chegarmos ao céu;

6º) o dom da piedade é uma disposição religiosa que nos faz cumprir com prontidão e fervor nossas obrigações para com Deus;

7º) o dom do temor de Deus é o receio constante de desagradar a Deus, que nos faz fugir de todo pecado, ainda dos veniais, para não desgostarmos a Nosso Senhor.

LIÇÃO III
DAS BEM-AVENTURANÇAS EVANGÉLICAS

53. Que são as bem-aventuranças evangélicas?

As bem-aventuranças evangélicas são atos sobrenaturais de determinadas virtudes, pelos quais Jesus Cristo promete, ainda nesta vida, a bem-aventurança, fundada na alegria que nasce da esperança certa de obter o prêmio eterno.

54. Quantas são as bem-aventuranças evangélicas?

As bem-aventuranças evangélicas são oito:

1ª) Bem-aventurados os pobres de espírito, porque deles é o reino do céu;

2ª) Bem-aventurados os mansos, porque eles possuirão a terra;

3ª) Bem-aventurados os que choram, porque eles serão consolados;

4ª) Bem-aventurados os que têm fome e sede de justiça, porque eles serão fartos;

5ª) Bem-aventurados os que usam de misericórdia, porque eles alcançarão misericórdia;

6ª) Bem-aventurados os limpos de coração, porque eles verão a Deus Nosso Senhor;

7ª) Bem-aventurados os pacíficos, porque eles serão chamados filhos de Deus;

8ª) Bem-aventurados os que padecem perseguição por amor da justiça, porque deles é o reino do céu.

55. Por que nos propôs Jesus Cristo essas bem-aventuranças?

Jesus Cristo nos propôs essas bem-aventuranças:

1°) Para nos fazer detestar as máximas do mundo;

2°) Para convidar-nos a amar e praticar as máximas do Evangelho.

56. Quais são os que o mundo chama bem-aventurados?

O mundo chama bem-aventurados os que possuem riquezas e honras, que vivem alegremente e que não têm ocasião de sofrer.

57. Quais são os pobres de espírito que Jesus Cristo chama bem-aventurados?

Os pobres de espírito, segundo o Evangelho, são os que têm o coração desapegado de riquezas; os que fazem delas um bom uso, quando as possuem, e se resignam inteiramente, quando são privados delas.

58. Quais são os mansos que possuirão a terra?

Os mansos, que possuirão a terra, são os que tratam com brandura o próximo, sofrem com paciência os seus defeitos e suportam, sem queixas nem ressentimentos de vingança, as injúrias que deles recebem.

59. Quais são os que choram e contudo se chamam bem-aventurados?

Os que choram e contudo se chamam bem-aventurados são os que se afligem pelos pecados cometidos, pelos graves males e escândalos que veem no mundo e pelo perigo em que se acham de perder o céu.

60. Quais são os que têm fome e sede de justiça?

São os que desejam adiantar-se sempre mais no exercício das boas obras e das virtudes e na posse da graça de Deus.

61. Quais são os que usam de misericórdia?

São os que, amando em Deus e por Deus o próximo, se compadecem de suas misérias espirituais e corporais, e procuram aliviá-lo quanto lhes é possível.

62. Quais são os limpos de coração?

São os que nenhum afeto têm ao pecado, procuram com diligência evitá-lo e principalmente evitam toda espécie de impureza.

63. Quais são os pacíficos?

Os pacíficos são os que vivem em paz com o próximo e consigo mesmos, e procuram levá-la aos que vivem em discórdia.

64. Quais são os que padecem perseguição por amor da justiça?

São os que suportam com paciência os motejos, os insultos e perseguições por amor da fé ou de qualquer outra virtude cristã.

65. Que significam as diversas recompensas que Jesus Cristo promete a quem pratica essas virtudes?

As diversas recompensas prometidas por Jesus Cristo sob diversos nomes significam a glória eterna do paraíso.

66. A prática dessas virtudes nos fará conseguir somente a bem-aventurança eterna?

Não; a prática dessas virtudes nos fará felizes também na vida presente.

67. Então os que praticam essas virtudes recebem já nesta vida algumas recompensas?

Sim; recebem algumas recompensas, porque gozam da paz e consolação interior, o que é um princípio, bem que imperfeito, da bem-aventurança eterna.

68. E os que seguem as máximas do mundo se poderão dizer felizes?

Não; os que seguem as máximas do mundo não são felizes, porque não possuem a verdadeira paz nem a consolação interior e se acham em caminho da condenação eterna.

LIÇÃO IV
DAS OBRAS DE MISERICÓRDIA

69. Quais são as boas obras, de que nos serão tomadas contas rigorosas, no dia do juízo?

São as obras de misericórdia.

70. Quantas são as obras de misericórdia?

As obras de misericórdia são catorze: sete corporais e sete espirituais. As corporais são estas:

1ª) Dar de comer a quem tem fome;
2ª) Dar de beber a quem tem sede;
3ª) Vestir os nus;
4ª) Dar pousada aos peregrinos;
5ª) Visitar os enfermos e encarcerados;
6ª) Remir os cativos;
7ª) Enterrar os mortos.

As espirituais são estas:

1ª) Dar bom conselho;
2ª) Ensinar os ignorantes;
3ª) Castigar os que erram;
4ª) Consolar os aflitos;
5ª) Perdoar as injúrias;
6ª) Sofrer com paciência as fraquezas do próximo;
7ª) Rogar a Deus pelos vivos e defuntos.

APÊNDICE
ORAÇÕES COTIDIANAS

que os pais ensinarão a seus filhos, os mestres e mestras a seus alunos e alunas.

ORAÇÃO DA MANHÃ

Pelo sinal † da santa cruz, livrai-nos, Deus, † Nosso Senhor, dos nossos † inimigos. Em nome do Pai, e do Filho † e do Espírito Santo. Amém.

Meu Deus, creio que estais aqui presente; adoro-vos e vos amo de todo o meu coração; dou-vos infinitas graças por me haverdes criado e feito nascer no grêmio da Igreja Católica; por me haverdes conservado nesta noite (ou neste dia) e preservado de uma morte repentina.

Em união com os merecimentos de Jesus Cristo, de sua Mãe Santíssima e de todos os santos, vos ofereço todos os meus pensamentos, palavras e obras, para vossa maior glória, em ação de graças por todos os benefícios que de vós tenho recebido, em satisfação de meus pecados. Faço tenção de ganhar todas as indulgências que hoje posso ganhar. Dignai-vos, Senhor, de preservar-me neste dia (ou nesta noite) do pecado, e livrai-me de todo mal. Amém.

Pai-nosso, Ave-Maria.

Consagração a Maria Santíssima

(Para se rezar todos os dias, pela manhã e à noite). Ave-Maria.

Ó Senhora minha, ó minha Mãe! eu me ofereço todo a vós, e, em prova da minha devoção para convosco, vos consagro meus olhos, meus ouvidos, minha boca, meu coração e inteiramente todo o meu ser. E como assim sou vosso, ó boa Mãe, guardai-me, defendei-me, como coisa e propriedade vossa.

Salve Rainha (p. 6).

Santo Anjo do Senhor (p. 40s.).

Glória ao Pai, ao Filho e ao Espírito Santo.

Como era no princípio, agora e sempre. Amém.

O anjo do Senhor

V. O anjo do Senhor anunciou a Maria.

R. E ela concebeu do Espírito Santo.

Ave Maria, etc.

V. Eis aqui a escrava do Senhor.

R. Faça-se em mim segundo a vossa palavra.

Ave Maria, etc.

V. E o Verbo se fez carne.

R. E habitou entre nós.

Ave Maria, etc.

V. Rogai por nós, Santa Mãe de Deus.

R. Para que sejamos dignos das promessas de Cristo.

Oremos – Infundi, Senhor, em nossas almas a vossa graça, para que nós, que conhecemos pela anunciação do anjo a encarnação de Jesus Cristo, vosso Filho, cheguemos por sua paixão e cruz à glória da ressurreição. Pelo mesmo Jesus Cristo, Nosso Senhor. Amém.

Reza-se ao Anjo do Senhor de joelhos, exceto aos sábados à tarde e nos domingos, por todo o dia, em que se reza de pé.

No tempo pascal, a começar com o Domingo da Ressurreição, até Sábado da Trindade, em lugar dos versículos acima, rezam-se, sempre de pé, os versículos seguintes:

V. Rainha do céu, alegrai-vos, aleluia.

R. Porque quem merecestes trazer em vosso puríssimo seio, aleluia.

V. Ressuscitou como disse, aleluia.

R. Rogai por nós a Deus, aleluia.

V. Exultai e alegrai-vos, ó Virgem Maria, aleluia.

R. Porque o Senhor ressuscitou verdadeiramente, aleluia.

Oremos – Ó Deus, que vos dignastes alegrar o mundo com a ressurreição do vosso Filho Jesus Cristo, Senhor Nosso, concedei-nos, vo-lo suplicamos, que por sua Mãe, a Virgem Maria, alcancemos os prazeres da vida eterna. Pelo mesmo Senhor Jesus Cristo. Amém.

ORAÇÃO PARA A NOITE

Pelo sinal † da santa cruz , livrai-nos, Deus † Nosso Senhor, dos nossos † inimigos. Em nome do Pai e do Filho † e do Espírito Santo. Amém.

Meu Deus, creio que estais aqui presente, etc.

(Com todas as orações, como pela manhã).

Ato de esperança e caridade. Eu espero em vós, meu Deus, porque sois clemência inefável, e vos amo sobre todas as coisas, porque sois bondade infinita.

Depois deste ato de esperança e caridade, faça-se o seguinte breve exame:

Exame de consciência

Examinemos a nossa consciência e lembremo-nos dos pecados que hoje cometemos por pensamentos, palavras, ações ou omissões.

1°) Nas nossas orações e outros exercícios de piedade (pausa).

2°) No respeito e docilidade para com os nossos pais e quaisquer outros nossos superiores e no cumprimento das nossas obrigações (pausa).

3°) No cuidado sobre os nossos sentidos, particularmente a vista e a língua; se falamos mal do próximo; se proferimos alguma palavra grosseira ou desonesta (pausa).

4°) Nas ações, pensamentos e afeições; se houve alguma coisa menos digna ou desregrada (pausa).

5°) No exercício da caridade; se maltratamos o nosso próximo, e se, podendo socorrer a algum pobre, deixamos de fazê-lo (pausa).

Terminado este exame, segue-se o ato de contrição à p. 9.

Oração pelas almas do purgatório – Deus de bondade e misericórdia, tende piedade das benditas almas dos fiéis que estão sofrendo no purgatório; abreviai as suas penas, dai-lhes o descanso eterno e fazei nascer para elas a perpétua luz. Amém.

Pai-nosso, Ave-Maria, Glória.

Oração pelos defuntos

(Salmo *De profundis*)

Do mais profundo abismo clamei a vós, Senhor: Senhor, ouvi a minha voz.

Estejam atentos os vossos ouvidos à voz da minha súplica.

Se observardes, Senhor, nossas iniquidades, quem, Senhor, poderá subsistir?

Mas em vós se acha a misericórdia e, pela vossa lei, pus em vós, Senhor, a minha confiança.

A minha alma está confiada na vossa palavra; a minha alma esperou no Senhor.

Desde a vigília da manhã até à noite, espere Israel no Senhor.

Porque no Senhor está a misericórdia, e nele há copiosa redenção.

E Ele mesmo redimirá Israel de todas as suas iniquidades.

V. Dai-lhes, Senhor, o eterno descanso.

R. Entre os resplendores da luz perpétua.

V. Descansem em paz.

R. Amém.

V. Senhor, ouvi a minha oração.

R. E chegue até vós o meu clamor.

Oremos – Ó Deus, que sois Criador e Redentor de todos os fiéis, dignai-vos conceder às almas dos vossos servos e servas a remissão de seus pecados, a fim de que por nossas pias súplicas alcancem o perdão por que têm sempre suspirado. Vós, que viveis e reinais por todos os séculos dos séculos. Amém.

CÂNTICOS

1) Missa das Crianças

Entrada

1. Vamos todos à casa de Deus * do Deus que alegra a nossa vida: * a Igreja é a imagem do céu. * Nós somos a família reunida.

2. O altar é a mesa de Deus, * do amor que se faz nossa comida. * Ao redor desta mesa, Senhor, * nós somos a família reunida.

3. Deus que é Pai é também nosso irmão; * a graça que nos dá é sua vida. * Adorando e pedindo perdão, * nós somos a família reunida.

Meditação

1. Estamos todos na casa de Deus, * barca de Pedro e porta dos céus, * estamos todos na casa de Deus. * Aleluia, aleluia, aleluia!

2. O Pai celeste mandou-nos chamar: * à sua mesa podemos sentar. * O Pai celeste mandou-nos chamar. * Aleluia, aleluia, aleluia!

3. Fomos vestidos por Cristo Jesus: As nossas almas têm veste de luz, * fomos vestidos por Cristo Jesus. * Aleluia, aleluia, aleluia!

Aclamação ao Evangelho

4. O povo outrora seguia o Senhor: * Só dele ouvia as palavras de amor, * o povo outrora seguia o Senhor. * Aleluia, aleluia, aleluia!

5. Ouçamos todos o Filho de Deus. * Em Marcos, Lucas, João e Mateus. * Ouçamos todos o Filho de Deus. Aleluia, aleluia, aleluia!

Ofertas

1. O pão e o vinho já estão sobre o altar * em corpo e sangue se vão transformar. * O pão e o vinho já estão sobre o altar. * Aleluia, aleluia, aleluia!

2. Ao Pai daremos seu Filho Jesus, * que por nós todos se deu sobre a cruz. * Ao Pai daremos seu Filho Jesus. * Aleluia, aleluia, aleluia!

3. O Pai dará para nós com amor, * na comunhão, Jesus, Nosso Senhor. * O Pai dará para nós com amor. * Aleluia, aleluia, aleluia!

Comunhão

1. Bendigamos ao Senhor, * que nos une em caridade * que nos nutre com amor, * com o Pão da unidade. * Ó Pai Nosso!

2. Um só corpo em Deus formamos * pelo dom da caridade, * um só Pão nos alimenta, * Pão real, Pão da unidade. * Ó Pai Nosso!

3. Conservemos a unidade, * mandamento do Senhor: * reine a paz onde há guerra, * onde há ódio, reine amor. * Ó Pai Nosso!

4. De Jesus exemplo e ordem * manda o mal com o bem pagar, * num perdão sincero e amigo, * seu amor testemunhar. * Ó Pai Nosso!

5. O que vive imerso em dor, * o que sofre em solidão, * ache alívio, ache consolo * num fraterno coração. * Ó Pai Nosso!

6. Ó Senhor, uma família * somos nós na caridade: * nos congregue teu amor * na feliz eternidade. * Ó Pai Nosso!

Final

1. Ó que alimento nos deu o Senhor: * o pão da vida e o vinho do amor. Ó que alimento nos deu o Senhor. * Aleluia, aleluia, aleluia!

2. Comemos todos de um único pão, * já somos todos um só coração. * Comemos todos de um único pão. * Aleluia, aleluia, aleluia!

3. Às nossas casas podemos voltar: * Jesus conosco nós vamos levar. * Às nossas casas podemos voltar. * Aleluia, aleluia, aleluia!

(Cantos e Orações n. 185-190).

2) O Senhor é meu Pastor

O Senhor é meu Pastor, pequenina ovelha sou: * para fontes d'água pura com carinho me guiou.

1. O Senhor é o pastor que me conduz, * quer me ver bem feliz; * a pastagens fresquinhas, verdejantes, * Ele vai

me levar, * junto à fonte de águas cristalinas * vou com Ele repousar.

2. Ele vai me levando com amor * por caminhos seguros; * nas passagens escuras, perigosas, * há de ser minha luz; * entre as pedras da estrada Ele me apoia * e não me deixa tropeçar.

3. Preparou para mim uma mesa farta * na assembleia dos santos. * No Batismo Ele ungiu minha cabeça * e tornou-se meu Pai; * irmanou-me a Jesus, seu Filho amado * e fez-me entrar para sua Igreja.

4. Viverei a alegria da graça * cada dia da vida. * Sua casa é agora minha casa, * vou com Ele morar. Glória ao Pai e ao Filho e ao Espírito Santo * pelos séculos. Amém.

(Cantos e Orações n. 574).

3) Prometi

1. Prometi no meu santo Batismo * a Jesus sempre e sempre adorar. * Pais cristãos em meu nome falaram: * hoje os votos eu vim confirmar.

Fiel, sincero, eu mesmo quero * a Jesus prometer meu amor, * a Jesus prometer meu amor.

2. Creio, pois, na divina Trindade, * Pai, e Filho e inefável Amor, * no mistério do Verbo encarnado, na paixão de Jesus Redentor.

3. A Jesus servir quero constante, * sua lei em meu peito gravar, * combatendo, lutando e vencendo, * a Igreja fiel, sempre amar.

(Cantos e Orações n. 576).

4) Senhor Jesus

Senhor Jesus, nós crianças vos amamos * com todo o nosso pequeno coração; * a recompensa que nós esperamos * será a nossa eterna salvação.

1. Abençoai-nos, ó Jesus querido, * no sacramento de vosso santo amor, * enquanto sois por muitos esquecido, * Vos adoramos, ó bom Pastor.

2. Senhor Jesus nós cremos firmemente * e confessamos sem medo e sem temor: * na Hóstia santa vós estais presente, * sois nosso Deus, nosso Redentor.

3. Vinde, Senhor, de toda a majestade, * vinde, Jesus, nosso Deus e Redentor, * com corpo, sangue, alma e divindade, * vinde, mostrai-nos o vosso amor!

(Cantos e Orações n. 577).

Preparação para a Confissão

Antes do exame de consciência

Meu Deus e Senhor, eu me preparo para o santo sacramento da Penitência. Alumiai o meu espírito, a fim de que eu conheça claramente o número e a gravidade dos meus pecados, me arrependa deles e os confesse ao vosso ministro com verdadeira dor e firme propósito de nunca mais vos tornar a ofender. Amém.

Exame de consciência

Primeiro mandamento. Se tem negado, duvidado ou falado contra alguns dos artigos de nossa fé; – se se tem descuidado de aprender a doutrina cristã, ou se se tem deixado esquecer dela; – se tem lido livros proibidos, romances obscenos, escritos ou jornais contrários à fé ou aos bons costumes, e se os conserva ou tem emprestado a outros; – se tem escarnecido ou zombado da religião, ou de seus ministros; – se tem desconfiado da misericórdia de Deus, ou se se tem queixado de sua providência na enfermidade, na pobreza, etc.; – se tem presumido salvar-se sem penitência, ou se a quer demorar até a morte; – se peca com a esperança de perdão e diz: **Depois me confessarei**; – se tem deixado de fazer por muito tempo os atos de fé, esperança e caridade; – se por preguiça tem deixado de ouvir missa, rezar ou adorar a Deus; – se tem consultado feiticeiros, adivinhos, espíritas, etc., etc.; – se traz consigo orações supersticiosas, crendo com elas saber coisas futuras, tornar-se invulnerável, curar doenças e enfermidades; – se crês em sonhos, agouros, etc.

Segundo mandamento. Se jurou falso, ou por coisas insignificantes; – se blasfemou de Deus, da Santíssima Virgem e dos santos; – se falou deles sem respeito ou disse coisas indignas: – se rogou pragas contra si mesmo, ou contra o próximo, etc.

Terceiro mandamento. Se deixou de ouvir missa inteira nos domingos e festas, ou se a ouviu adormecido ou voluntariamente distraído, portando-se com irreverência, conversando, rindo, escarnecendo, olhando lascivamente, ou fazendo acenos ou sinais escandalosos; – se nesses dias trabalhou, ou fez trabalhar sem causa justa, etc.

Quarto mandamento. Se foi desobediente a seus pais, superiores ou mestres; – se lhes tem ódio; – se lhes tem faltado ao respeito, ou lhes respondido mal, ou dito palavras injuriosas; – se não tem assistido ou socorrido a seus pais em suas necessidades; – se se tem envergonhado deles, etc.

Quinto mandamento. Se tem ódio ao próximo; – se tem desejado vingar-se; – se tem desejado a morte ou mal grave a si ou a alguém; – se tem dito ao próximo palavras injuriosas; – se matou ou feriu ou espancou alguém, ou se mandou, aconselhou ou concorreu para que tais coisas se fizessem; – se se entristeceu com o bem do próximo; – se tem dado escândalo com seus maus exemplos ou palavras; – se teve desejo ou tentou suicidar-se, etc.

Sexto e nono mandamentos. Se tem demorado voluntariamente em pensamentos desonestos; – se tem olhado ou se tem ido a algum lugar para ver coisas indecentes; – se teve más conversas, ou as ouviu com prazer; – se tem cantado cantigas lascivas ou lido livros ou escritos obscenos; – se teve desejos de coisas más ou impuras; – se convidou alguém para o mal; – se praticou consigo ou com outrem alguma ação impura; – se cometeu pecados mais graves; – se está em perigo de pecar por não fugir e evitar as ocasiões, etc.

Sétimo e décimo mandamentos. Se desejou furtar; – se furtou, quanto e quantas vezes; – se achou coisa alheia e, sabendo quem era o dono, não restituiu ou não fez diligência para saber; – se aceitou ou comprou coisas que sabia serem furtadas; – se em compras, vendas ou contratos foi injusto, enganando no peso, medida, qualidade; – se, podendo, não tem restituído o que deve e o que não é seu; – se tem causado dano ao próximo de qualquer modo, etc.

Oitavo mandamento. Se fez algum juízo ou suspeita temerária; – se levantou calúnia ou falsos testemunhos; – se mentiu com prejuízo do próximo, ou em coisa grave; – se manifestou ou publicou alguma falta ou defeito oculto do próximo; – se murmurou do próximo; – se semeou discórdias, mexericos ou enredos, ou tem dado prejuízo a outrem por sua má língua; – se não reparou o mal que fez com calúnias, detrações, etc.

Sobre os mandamentos da Igreja. Examine se deixou de se confessar ao menos uma vez cada ano; – se ocultou algum pecado grave por vergonha ou medo; – se cumpriu a penitência; – se de propósito se esquivou de confessores tidos em conceito de doutos e virtuosos; – se se confessou sem contrição e propósito de emenda; – se tem deixado de comungar pela Páscoa; – se o não fez dignamente; – se não tem jejuado nos dias de preceito; se, dispensado ou não de jejuar, tem comido carne nos dias proibidos, etc.

Além disso, deve cada um examinar-se sobre as obrigações do próprio estado; assim:

Um casado. Examinará se tem faltado com o amor à sua mulher; – se a tem injuriado e ofendido com palavras e ações; – se lhe tem dado maus conselhos; – se lhe tem sido infiel; – se lhe impediu ou dificultou o uso dos sacramentos, etc.

Uma casada. Se tem faltado com amor; – se teve ciúmes, ou formou mau juízo de seu marido; – se o maltratou por palavras ou o ofendeu com injúrias; – se lhe foi desobediente; – se lhe faltou à fidelidade conjugal, etc.

Os pais. Se não têm educado bem seus filhos nem os têm instruído no catecismo; – se os não vigiam, procuram saber o que fazem e que companhias frequentam; – se os não têm corrigido; – se não lhes têm dado bom exemplo; – se os têm amaldiçoado, ou mostram muito mais afeto a uns e a outros; – se se têm oposto à vocação de seus filhos e filhas; – se os têm impedido de ouvir a missa e receber os sacramentos, etc.

Os patrões, superiores, etc. Se fazem trabalhar seus súditos, criados ou empregados nos domingos e festas; – se os fazem trabalhar mais do que é justo; – se não lhes pagam os ordenados e salários; – se não procuram ou impedem que eles se instruam nas coisas da salvação; – se impedem que assistam aos ofícios divinos ou frequentem os sacramentos; – se os maltratam; – se os escandalizam; – se os não corrigem; – se permitem em sua casa conversas ou outras ações indecentes, etc.

Um moço. Se tem fugido e evitado as más companhias, os divertimentos perigosos; – se se aplica a seus estudos e trabalhos; – se cumpre os avisos e conselhos de seus pais, superiores e mestres; – se tem feito despesas demasiadas ou contraído dívidas contra a vontade de seus pais, etc.

Uma moça. Se tem faltado à modéstia e recato; – se tem dado escândalo pelo modo de vestir, de brincar, ou outros movimentos de corpo; – se procura e entretém amizades ou relações que a põem em perigo de ofender a Deus, etc.

Um criado, empregado, etc. Se murmurou ou desrespeitou seus patrões; – se roubou ou os defraudou em alguma coisa; – se tem perdido, estragado ou deitado fora coisas que lhe foram confiadas; – se não tem cuidado bem dos interesses de seus patrões, etc.

Um negociante. Se cometeu alguma fraude nas compras e vendas, pesos e medidas; – se falsificou os gêneros, etc.

Um médico. Se foi negligente nos casos graves, faltando com a frequência necessária, ou não empregando os meios aptos para combater a doença; – se, nos casos difíceis, não estudou ou não consultou os peritos; – se multiplicou as visitas inutilmente, ou retardou a cura para auferir maior lucro; – se exigiu um preço demasiadamente alto; – se empregou remédios desconhecidos ou supérfluos para favorecer aos farmacêuticos; – se não procurou que os doentes recebessem os sacramentos, quando os julgava em perigo de vida; – se procurou, aconselhou ou ensinou os meios de provocar o aborto, etc.

Um advogado. Se, sem aptidão necessária, aceitou causas para defender; – se descobriu à parte contrária as razões de seu cliente; – se patrocinou ambas as partes; – se usa de dolo, mentiras e fraudes; – se alega leis derrogadas, ou doutrina reprovada, etc.

NOTA: – Com relação aos pecados mortais, é necessário, quando possível, referir o número.

OUTRO EXAME DE CONSCIÊNCIA

Primeiro mandamento (religião). Tenho deixado de rezar as orações diárias por preguiça?

Tenho rezado voluntariamente sem devoção?

Tenho deixado de aprender o catecismo?

Tenho voluntariamente duvidado de alguma verdade da fé?

Tenho tido vergonha de minha religião?

Tenho feito coisas supersticiosas?

Tenho consultado espíritas, feiticeiros, benzedores ou cartomantes?

Segundo mandamento (santos nomes). Tenho pronunciado o nome de Deus, ou dos santos, sem respeito e devoção?

Tenho rogado alguma praga?

Tenho jurado à toa ou até jurado falso?

Tenho deixado de cumprir uma promessa que fiz?

Terceiro mandamento (domingos e dias santos). Tenho, por própria culpa, faltado à missa nos domingos e dias santos? Tenho, por própria culpa, chegado tarde à missa nos domingos e dias santos? Depois do Ofertório?

Tenho sido irreverente na igreja, rindo-me ou conversando com outros?

Tenho trabalhado nos domingos e dias santos sem necessidade? Por horas inteiras?

Quarto mandamento (pais e superiores). Tenho sido malcriado para com meus pais ou superiores?

Tenho entristecido gravemente a eles?

Tenho desejado algum mal a meus pais ou superiores? Algum mal grave?

Tenho sido desobediente a eles? Em coisas importantes?

Tenho zombado de pessoas pobres, velhas ou defeituosas?

Quinto mandamento (vida e saúde). Tenho me exposto a perigo de vida sem necessidade?

Tenho sido imoderado em comer e beber?

Tenho ficado com raiva?

Tenho injuriado os outros? Tenho batido neles?

Tenho desejado mal aos outros? Grande ou pequeno mal?

Tenho levado outros a pecado? Tenho dado mau exemplo? Tenho maltratado animais?

Sexto e nono mandamentos (castidade). Tenho pensado voluntariamente em coisas desonestas?

Tenho tido vontade de ver e fazer coisa desonesta? Tenho olhado de propósito para coisas desonestas? Tenho prestado atenção a conversas desonestas?

Tenho lido coisas desonestas? Conversado disso? Cantado alguma cantiga desonesta?

Tenho faltado ao pudor, despindo-me levianamente à vista de outra pessoa?

Tenho feito coisas desonestas? Tenho deixado aos outros fazer isto comigo?

Sétimo e décimo mandamentos (propriedade alheia). Tenho tirado gulodices em casa sem licença dos pais? Tenho furtado dinheiro a meus pais? Quanto? Tenho furtado qualquer coisa a outros? Era coisa de valor? Tenho aceitado ou comprado coisas furtadas? Tenho ficado com coisas achadas sem procurar o dono? Tenho estragado alguma coisa alheia? Era um prejuízo grave? Tenho tido vontade de furtar?

Oitavo mandamento (verdade e bom nome). Tenho mentido? Tenho prejudicado a outros por mentira? Tenho falado mal dos outros?

a) descobrindo os pecados alheios sem necessidade?

b) exagerando faltas do próximo?

c) inventando faltas dos outros? Faltas muito graves? Tenho pecado por mexerico?

Mandamento da Igreja. Tenho, cientemente, comido carne nos dias proibidos pela Igreja?

Pecados capitais. Tenho sido orgulhoso? Tenho sido preguiçoso?

Depois deste exame, feito com cuidado e recolhimento, meditai por alguns momentos em que perigo está quem cometeu um pecado mortal; pode cair no inferno, lugar de eternos sofrimentos, separado eternamente de Deus, sem esperança de salvação... Pensai em Jesus sobre a cruz, coberto de chagas, abandonado de todos na sua agonia; tudo isto por causa do pecado mortal! Refleti na misericórdia de Deus, que espera o pecador e o acolhe com carinho quando se converte; e depois dizei, com profundo sentimento de humildade, de confusão e de dor, o seguinte:

Ato para exercitar a contrição

Eis aqui, ó meu Deus, o vosso filho pródigo, que volta contrito ao vosso seio paternal! Que motivos de confusão para mim, misericordioso Senhor e amoroso Pai, ter-vos tantas vezes ofendido, depois de vos ter tantas vezes prometido emendar-me! Como me atrevi a pecar na vossa presença, conhecendo quanto o pecado vos desagrada! Oh! meu Deus, meu Pai, de todos os pais o melhor e o mais paciente, perdoai-me, e não me castigueis segundo o rigor de vossa justiça; tende piedade de mim que já não sou digno de ser chamado vosso filho, e aceitai os anseios de um coração pesaroso de vos ter ofendido e disposto a amar-vos para sempre. Detesto, Senhor, todos os meus pecados, que são muitos e graves, porque com eles mereci as penas do inferno e ofendi vossa divina majestade, vossa santidade e vossa bondade infinita. Amo-vos sobre todas as coisas, meu Deus, meu Pai, meu Salvador, e por amor de vós quero antes morrer do que vos tornar a ofender.

Prática da confissão. Antes da confissão:

Padre, dai-me vossa bênção, que pequei.

– Eu, pecador, me confesso a Deus e a vós, padre, que fiz os pecados seguintes:

A minha confissão foi...

Depois da confissão:

Destes e de todos os pecados da minha vida me arrependo de todo o meu coração. Quero emendar-me e peço perdão de minhas culpas. Amém.

O Rosário

Mistérios gozosos (segundas e quintas)

1 – A anunciação do Anjo São Gabriel a Nossa Senhora.

2 – A visitação de N.S. à sua prima Santa Isabel.

3 – O nascimento de Jesus em Belém.

4 – A apresentação ao templo e purificação de Nossa Senhora.

5 – A perda e o encontro de Jesus no templo.

Mistérios dolorosos (terças e sextas)

1 – A agonia de Jesus no Horto das Oliveiras.

2 – A flagelação de Jesus Cristo atado à coluna.

3 – A coroação de espinhos.

4 – A subida dolorosa ao Calvário.

5 – A crucificação e morte de N. Senhor.

Mistérios gloriosos (quartas, sábados e domingos)

1 – A ressurreição de Cristo N. Senhor.

2 – A ascensão gloriosa ao céu.

3 – A vinda do Espírito Santo.

4 – A assunção de N. Senhora ao céu.

5 – A coroação de N. Senhora sobre todos os anjos e santos.